부자의 통장

불황에도 돈이 마르지 않는
30억 통장 부자들의 은행 활용법

부자의 통장

초판 1쇄 인쇄 2017년 11월 13일
초판 1쇄 발행 2017년 11월 17일

지은이 | 한연숙

발행인 | 백유미
펴낸이 | 조영석

발행처 | (주)니카
주소 | 서울시 서초구 효령로 34길 4, 프린스효령빌딩 5F

등록 | 2009년 12월 1일 제 385-2009-000044호
전화 | 070-7600-8230 **팩스** | 070-4754-2473

값 14,000**원**
ISBN 979-11-5532-320-5 (03320)

※ 라온북은 (주)니카의 퍼스널 브랜딩 브랜드입니다.

부자의 통장

불황에도 돈이 마르지 않는
30억 통장 부자들의 은행 활용법

한연숙 지음

RAON BOOK

부자의 통장에는 특별한 비밀이 있다

나는 은행에서 강남부자들의 자산을 관리하는 VIP팀장으로 오랫동안 근무했다. 우리나라 부의 상징인 강남 VVIP고객들의 금융컨설팅을 하면서 부자들의 삶을 가까이에서 보았다. 그리고 그들에게는 그들만의 '부의 비결'이 있다는 것을 알게 되었다.

부자의 길은 누구에게나 열려있다. 하지만 그 길을 통과하기 위해선 특별한 비결이 필요하다. 수많은 재테크 서적에서 외치는 "차곡차곡 저축해서 큰 부자가 돼라"는 원론적인 주장은 그들이 말하는 비결이 아니었다. 나는 부를 통해 큰 성공을 이루고, 경제적인 자유를 얻은 진짜 부자의 자산관리 노하우를 수년 동안 관찰하고 연구하였다. 그리고 터득한 '부의 비결'로 내 삶은 한층 달라졌다.

나와 오랫동안 함께한 VVIP고객은 크게 자수성가형, 전문직 종사형, 상속형 부자로 나뉜다. 이들 모두 부자가 된 경로는 다르지만 부자가 될 이유와 자격은 충분했다. 대부분 해박한 금융 지식을 가지고 있었고 자기 분야에서 최고로 인정받고 있었다. 무엇보다도 시간을 금보다 귀하게 생각하며 시간 부자로 살아가고 있었다.

나는 조금 더 심도 있게 그들의 '부의 법칙'을 파헤치기 위해, 부동산박사과정에서 PB고객을 대상으로 부동산 자산관리 서비스 관련 만족도에 대한 연구 논문을 쓰기도 했다. 해당 연구를 통해 약 부자 150명의 습관, 지식, 인맥관리, 시간관리, 라이프스타일 등을 유형별로 분석해볼 수 있었다. 나는 불황기에 접어들면서, 자산관리에 허덕이는 많은 이를 위해 내가 터득한 '부의 법칙'을 공유하고 싶었다.

얼마 전 한 신문 기사에서 매달 수익형 부동산으로 월세를 받는 60대 부자에 관한 기사를 읽었다. 나는 이제 이런 기사를 보면, 그가 부동산 시장에서 성공하기 위해 얼마나 노력했을지 먼저 생각하게 된다. 그리고 거래, 협상, 투자, 자금, 인맥 등 그가 성공을 위해 터득하고 쌓았을 수많은 경험과 정보들을 어떻게 얻었을지 궁금해 한다. 그의 자산관리법은 분명 평범한 월급쟁이의 의식과는 완전히 다를 것이다.

계속되는 불황은 우리 삶 깊숙이 침투했다. 우리는 어떻게 하면 돈을 더 많이 벌고 살림살이가 나아질 수 있을지 늘 고민한다. 이런 때일수록 경제적으로 살아갈 수 있는 힘, 즉 세상과 돈의 흐름을 꿰뚫는 '경제 안목'을 길러야 한다. 그리고 이러한 안목은 앞서 부자가 된 이들을 통해 터득할 수 있다. 이 책을 통해 부자들의 안목, 습관, 투자 노하우 등 부자의 돈 관리법을 하나씩 알려드리도록 하겠다.

당신은 어떠한 미래의 좌표를 그리고 있는가? 나는 이 책을 통해 많은 이들이 부자의 법칙을 깨닫고 자산을 불려나가길 바란다. 그리고 나 또한 이 책을 통해 '부자 멘토'로서 인생 2막을 열어, 많은 이에게 희망을 주며 살아가고 싶다. 은행에서 얻은 경험과 박사 과정을 통해 얻은 지식들을 잘 접목시켜 더 큰 희망을 주는 더 큰 무대로 나아가고 싶다. 이것이 내가 나아가고 싶은 미래의 좌표이다. 당신은 어떠한가?

좌표를 정했다면, 이제 나아가기만 하면 된다. 이 책을 집어든 당신은 아주 귀한 선택을 했다. 이 책에 담긴 부자들의 비법이 당신을 조금 더 빨리, 편안하게 그 좌표에 데려다 줄 것이다.

마지막으로 지금의 내가 있기까지 아낌없는 지지와 응원을 보내주신 VVIP고객들과 든든한 버팀목이 되어준 나의 사랑스런 가족과 라온북 식구들에게 감사의 말을 전한다.

저자 한연숙

BANK

CONTENTS

1장 진짜 부자는 불황에 통장을 2배 불린다

2장 당신은 왜 아직 부자가 되지 못했을까?

3장

통장의 변신, 불황기에 시작하라

4장

현금 부자의 통장에 숨어 있는 기적의 재테크

5장 부자의 통장에는 부동산 수입이 있다

6장 평생 돈 버는 통장을 만들어줄 부자마인드

1 장

진짜 부자는 불황에 통장을 2배 불린다

장기불황 터널에 진입하는 대한민국

• • •

한국 경제는 안팎으로 빨간불이 켜졌다. 미국과 일본 등 선진국들의 자국 이익 우선주의 정책에 따른 정치, 경제상황 변화, 이전 정권의 실패로 인한 국내 정치 불안정과 더불어 1,300조에 달하는 가계부채는 시한폭탄처럼 언제 터질지 모르는 상황이며, 저성장 기조는 이미 만성화되어 경제성장률은 2015년 말부터 이미 0%대를 기록하고 있다. 이런 상황에서 이른바 큰손으로 불리는 강남 자산가들은 닥쳐올 리스크를 피하기 위해 현금보유 비중을 늘리고 투자기회를 엿보고 있다.

'한국의 현실과 미래생존전략'이라는 통계를 보면 2016년 1월 발표된 한국의 경제추격속도 지수는 21위에서 26위로 3년 만에 5계단 내려앉았다. 반면 중국은 7위에서 2위로, 인도는 8위에서 5위로 올라섰다. 더 무서운 사실은 이것이 시작에 불과하다는 점이다. 다수의 경제전문가들은 저성장 장기불황의 고통이 지금부터 본격적으로 닥쳐올 것이라고 말한다.

• 대한민국을 뿌리부터 뒤흔들 대혼돈의 시대가 오고 있다

베이비붐 세대의 은퇴가 시작되면, 향후 30년간 한 해 은퇴자만 100만 명에 이를 것이다. 은퇴자의 증가는 대한민국 경제에 부담으로 작용하게 된다. 여기에 저출산으로 인한 인구절벽까지 온다면, 부동산의 미래는 최악의 시나리오를 피할 수 없다.

세계 경제는 불황으로 치닫고 한국은 불황을 넘어 장기적인 저성장 국면에 접어들고 있다. 청년 실업문제, 과도한 공급으로 인한 주택공동화 현상, 중산층의 몰락, 가처분 소득의 감소, 주택담보대출 규제까지 대한민국 부동산 시장에 어두운 그림자가 드리우고 있다.

경제가 성장할 때 부동산의 가치가 동시에 올랐다면, 향후에는 오르는 곳과 내리는 곳이 극명하게 갈릴 것이다. 가격이 떨어지는 곳에 집을 산 사람들은 이제 어떻게 대처해야 하는가? 노후를 대비하기 위해 어디에 집을 사야 하며, 그 집을 어떻게 활용해야 하는가?

• 잘못 투자했다가 전 재산을 잃을까 두렵기만 하다

지금 한국 경제는 기준금리 1%대, 경제성장률 2%대 시대를 살고 있다. 낮은 금리로 인해 예금과 적금은 별 의미가 없어졌고 부채만 늘어나고 있는 실정이다. 그 빚이 지금의 주식 시장과 부동산 시장을 떠받치고 있다. 게다가 소득은 늘지 않고, 좋은 일자리도 줄어들고 있기 때문에 현 시점의 경제 구조는 굉장히 위태로운 상태다. 미국의 금리 인상, 중국의 성장률 감소, 중국의 수출 경쟁국 부상 등 역시 한국 경제를 위협하는 요인으로 작용하고 있다. 예금 금리만으로는 치솟는 물가조차 감당하기 힘들기 때문이다. 게다가 머지않아 중국발 글로벌 인플레이션이 기승을 부릴 거라는 예상까지 나와 그렇지 않아도 답답한 투자자들의 마음을 더욱 옥죄고 있다. 그동안은 저렴한 중국 제품 덕분에 인플레이션을 억누를 수 있었지만 영원히 그 흐름이 이어지리라는 보장이 없다.

예전 고금리 고성장 시대처럼 예금이나 적금만으로는 삶을 지탱할 수 없게 되었다. 또한 그때처럼 리스크를 과소평가하고 부동산 시장이나 주식 시장에 선불리 투자를 하다가는 순식간에 삶이 무너질 수도 있다.

우리나라에서 자산을 효과적으로 키울 수 있었던 수단이 고금리 예금과 부동산 투자였던 시절이 있었다. 이 재테크는 경제 성장기에 빛을 발했다. 어디에 넣어놔도 알아서 돈이 불어났다. 그러나 저금리, 저소득, 저성장 시대인 지금은 어떨까. 1.5%도 안 되는 은행 이자로 월급만 모아서는 높은 물가와 길어진 노후를 감당하기 힘들어졌다. 저축한 돈을 마땅히 투자할 만한 곳이 보이지 않는다는 것도 문제다.

• 그렇다면 위기에 처한 한국 경제의 해법은 어디에?

일본은 대한민국 경제가 겪고 있는 저성장 장기불황을 먼저 겪은 나라다. 일본은 1990년대 초 버블 경제의 붕괴로 '잃어버린 20년'이라 불리는 장기불황을 겪었다. 부동산 가격 폭락으로 빚더미에 올라앉은 사람들이 속출했고, 조기 퇴직 후 자영업에 나선 샐러리맨들은 파산해 신용불량자로 전락했다. 청년들은 대학을 졸업해도 일자리가 없어 아르바이트나 비정규직을 전전할 수밖에 없었고, 노후 준비를 미처 하지 못한 노인들은 노숙자가 되었다. 경제 양극화는 심화돼 부자는 더 부자가 됐고, 가난한 사람은 더 고된 삶을 살아야 했다.

지금 대한민국이 처해 있는 상황과 소름 끼칠 정도로 닮아 있다. IMF보다 더 심각한 불황의 늪에 빠져 있는 한국 경제는 일본이 겪은 '잃어버린 20년'의 실패와 고통의 경험, 극복의 노하우에서 미래의 해법을 엿볼 수 있을 것이다.

대한민국의 미래는 그야말로 안개 속이다. 무엇보다 경제의 성장 엔진이 식어가는 게 가장 큰 문제다. 기존 산업의 성장판은 닫혀가고, 새 성장판은 쉽사리 열리지 않는다. 세계에서 위세를 과시하던 조선업은 불과 몇 년 만에 '빈사 상태'다. 조선업의 추락은 기존 산업 생태계의 효용이 거의 끝점에 왔음을 시사한다. 오늘날 한국 사회에는 '한강의 기적' 이면에 드리운 그림자가 짙

게 깔려 있다. 불확실하고 불안하다고, 기존의 방식과 다르다고 무조건 변화를 거부하고 회피하면 당신은 미래에서 점점 멀어질 것이다.

왜 부자의 자산은 2배 늘고 내 자산은 2배 줄어들까?

내가 은행원으로 32년 동안 만난 부자는 수천 명에 달한다. 그 기간 동안 자산 관리를 맡은 금액도 수천억 원이다. 내 경험에 의하면 부자들은 계속 더 큰 부자가 된다. 하지만 가난한 사람은 쉽게 가난에서 벗어나지 못한다. 여러 가지 이유가 있겠지만 그중 가장 큰 이유는 부자가 되고자 하는 시도조차 하지 않기 때문이다.

그들은 강남부자들이 물려받은 재산으로 부자가 되었을 것이라 생각한다. 그러나 내가 강남에서 근무하며 만났던 부자 중에는 자신의 꿈을 좇아 맨바닥에서부터 시작해 성공한 부자들이 많았다. 부동산 경매 박사가 된 식당 여사장, 보따리 장사로 부자가 된 45세 사업가, 하루 순매출만 100만 원인 대박 프랜차이즈 사장님까지, 그 방법은 제각각이지만 맨바닥에서 차근차근 자신의 꿈을 향해 달려온 자수성가 부자들이다.

부자의 자산이 두 배 늘어날 때, 왜 내 자산은 두 배 떨어질까? 월급쟁이로 살다가는 부자는커녕 빚 갚기조차 힘들 것 같다면 부자처럼 생각하고 실천해야 한다. 우선 어느 정도의 재산을 가진 부자가 될지, 어떤 방법으로 부자가 될지, 그러기까지 어느 정도의 시간이 걸릴지, 그리고 모은 재산을 어디에 어떻게 쓸지를 먼저 생각해봐야 한다.

강남부자들은 자녀들에게 '내 집을 빨리 장만할수록 부자가 될 확률이 높다'는 말을 한다. 종잣돈과 대출금을 통해 집을 마련한 사람은 절제력이 강하기 때문에 지출을 통제할 수 있고, 집을 사면서 여러 경험을 하다 보니 실물 경제에 관심을 가지게 된다. 따라서 이후에 자산 관리를 잘할 수밖에 없다.

자산을 두 배로 만들기 위해서는 일단 현명한 소비 활동으로 지출을 줄여 종잣돈을 만들어야 한다. 그리고 투자를 해야 한다. 우선 불황 시대를 극복할 재테크를 시작하기 전, 염두에 두어야 할 전략 세 가지를 소개하겠다.

• 하나, 나에게 맞는 자산배분 전략을 수립해야 한다

진짜 부자들은 불황기일수록 자신의 선택을 믿고, 더 큰 수익을 만들어낸다. 부자가 가진 눈으로 세상을 보고 싶다면, 기회와 가치에 대한 안목이 바탕에 있어야 한다. 그래서 부자는 하루

아침에 되지 않는다. 그들은 인생 최고의 선택을 하기 위해 안목을 키우는 데 많은 투자를 한다. 이것이 바로 자산 관리를 잘하는 비법이다.

부자들의 자산은 선택에 대한 성적표이다. 진짜 부자들은 기회를 놓치지 않는다. 남과 다른 선택을 해야 할 때일수록 부자들은 자신의 투자 원칙을 지킨다. 원칙에 따라 투자 전략을 세우며 충실히 기본을 닦는다. 어느 날 갑자기 엄청난 불황이 닥치거나, 투자대상이 상대적으로 소외돼 오르지 않는 경우까지 감안하여 합리적으로 자산을 운용해야 한다는 것이다. 투자 목적을 달성하는 데 있어 중요한 것은 두 가지이다. 첫째, 단기적으로 지금 당장 가장 인기 있고 유명한 투자대상을 파악한다. 둘째, 투자를 장기적으로 보며 크고 작은 투자대상에 골고루 분산투자한다.

포트폴리오의 가장 큰 틀에 포함될 수 있는 대표적인 것으로는 부동산 실물 보유, 부동산 간접투자상품, 주식 직접투자상품, 주식 간접투자상품, 채권 또는 채권형 예금, 각종 파생상품, 단기성 고금리 예금, 장기성 저축, 주택청약 관련 저축처럼 특별한 목적의 상품, 연금 등을 들 수 있다. 금융 시장의 발달로 투자대상은 더욱 다양해지고 있다.

모든 투자대상을 이용해야 하는 것은 아니지만, 여건이 허락하는 한 가급적 골고루 분산투자하는 것이 좋다. 특성이 서로 다른 투자대상에 돈이 분산되어 있으면 어느 한 곳에 예기치 않게 치명적인 손실을 입더라도 충분히 살아남을 수 있기 때문이다.

여러 금융 회사에서 인터넷 홈페이지와 모바일 웹 등을 통해 종합 자산 관리 서비스를 제공하고 있으니 이를 적극 활용하여 투자 성향에 따라 금융상품에 자산을 적절히 배분하도록 하자.

• 둘, 미래의 판도를 미리 읽어내야 한다

현재 금융 위기가 사람들을 혼란에 빠뜨린 가장 큰 이유는 상황이 너무 빠르게 진행된다는 데 있다. 급작스런 변화에 위기의 본질과 관련 요소를 정확히 파악하기 힘들다. 불확실성의 시대에 투자로 살아남으려면 불확실성에 수반되는 공포감, 위험의 개념과 안전의 개념 등을 제대로 이해해야 한다. 즉, 전문가들이나 다른 사람의 기준이 아니라, 자신의 재정 상태와 투자 금액을 기준으로 자신이 행한 투자가 위험한 투자인지 아닌지를 스스로 판단하고 그를 바탕으로 포트폴리오를 재구성할 수 있어야 한다.

전쟁 상황에서는 공포 때문에 그 어떤 합리적인 생각이나 정상적인 사고방식도 무의미해지듯이 경제 세계가 전쟁과 같은 상황에 처했을 때는 펀더펜털에 기반을 둔 어떤 전망도 무의미해진다. 이런 상황에서 가장 우선시되는 것은 대비와 대응이다. 미래에 대한 전망을 바탕으로 펀드에서 부동산, 금에 이르기까지 현 상황에 알맞은 장기적인 수익률을 추구하고 동시에 위험한 시기를 견뎌내고 오래도록 살아남기 위해서 적절한 자금관리 또는 자산관리 활동을 해야 한다. 즉, '투자대상의 다변화', '투자대상별 비중 조절', '자금 투여 속도 조절', '새로운 변화에 대한 적절한 대처', '대출 비중 조절' 또는 '레버리지 조절' 등이 요구된다.

• 셋, 투자 전략에 대한 새로운 시각을 탑재하라

개인 투자자에게 최선의 투자 전략은 장기 투자, 적립식 펀드였다. 하지만 이제는 투자 전략에 대한 새로운 시각이 필요한 때다. 투자 개념에 대한 오해에서 비롯된 잘못된 투자 전략을 재설정해야 한다. 마이너스 수익률로 몸살을 앓고 있는 펀드의 경우 증여, 제대로 된 분산투자, 임의 적립식, 리버스 펀드 편입 국채선물, ETF투자 등을 제안한다.

지역을 가릴 것 없이 승승장구하며 상승했던 주택 가격이 바닥을 알 수 없을 정도로 추락하고 있다. 이런 상황이 언제 끝날지 모르니 강남 부동산 다시 보기, 도심형 실버타운 투자 등으로 전략을 새로 구성할 것을 권한다.

지금의 바닥이 진짜 바닥인지 아닌지는 전문가들조차 예측하기 어렵다. 위기에 대응하는 최선의 방법은 모든 가능성을 열어놓는 것이다. 실제로 실물경기가 어떻게 돌아가는지, 기업의 재무 상태가 어떻게 변해가는지, 대세 하락을 가져오게 했던 문제점들이 제대로 해결되고 있는지, 추가로 크게 터져 나올 문제는 없는지, 매분기 경기지표들과 부동산 시장 및 고용 시장은 어떠한지 등을 지켜보면서 실제 경제상황에 순응하는 자세가 필요하다.

큰 손실을 빨리 만회하고 싶다는 생각에 빠지면 안 된다. 그런 조급한 마음은 곧 경제 자체를 외면하고 투자를 아예 포기하게 하거나 위기 속에서 큰 기회를 만들어내겠다는 마음에 집착하게 되면 자칫 더 큰 손실을 볼 수도 있다.

불황 시대, 기존의 재테크가 통하지 않는다

• • •

부자들의 행보가 심상치 않다. 2016년 말에 나온 통계를 보면 생필품을 파는 대형할인마트의 매출은 전년 동월에 비해 크게 달라지지 않았다. 반면 백화점의 명품 브랜드의 매출은 27%가 증가했다고 한다. 고급 가전제품 매출액도 마찬가지로 증가했다. 서민들은 허리띠를 더 졸라매고 있고, 부자들은 지갑을 더 열었다. 물가가 폭등하고, 실질금리가 마이너스가 되고, 부동산이 하락하는 이러한 상황에서도 부자들은 부를 유지하고 있다.

위기 이후 큰 상처를 입은 개인 투자자들은 어떤 관점에서 자산 시장을 바라봐야 할까? 우선, 불황 시대에는 기존의 재테크가 통하지 않는다는 것을 깨달아야 한다.

• **과거의 재테크로 노후 대비는 불가하다**

고령화 시대를 맞아 '인생 100세 시대'가 화두인 요즘, 재테크는 가장 기본이 되는 인생 설계의 필수 요소가 되었다. 그러나 급변하는 금융 환경에서 내실 있는 현명한 재테크 방법을 찾기가 쉽지 않다. 평균수명은 길어지는데 퇴직은 빨라지고 경기침체는 끝날 줄을 모른다. 먹고살기도 힘든데 노후마저 심각하게 고민해야 한다.

1% 초저금리 시대에 적은 돈으로 노후를 준비해야 하는 사람들을 위한 안정적인 금리가 사상 최저 수준으로 떨어지고, 국민연금만으로 노후를 보장받을 수 없다는 걱정이 커지면서 노후 준비에 대한 고민으로 밤잠을 설치는 사람들이 많다.

은행의 예·적금이나 보험사 증권사의 연금, 펀드 등은 투자자의 이익보다 금융회사의 이익을 먼저 생각하는 상품이다. 이것이 요즘 같은 초저금리 시대에 투자자들의 지갑은 점점 얇아지는데 금융회사의 이익은 고공행진을 이어가는 이유다.

설계사 수당, 운용수수료로 나가는 돈을 제하고 하면 연금이나 펀드의 수익률이 기준금리에도 미치지 못하는 경우가 대부분이다. 투자의 원칙과 방법들을 알고 나면 이러한 간접 상품에 투자할 이유가 전혀 없다. 과거의 재테크 경험과 지식, 전략 등이 통하지 않는다. 직접투자, 방법을 알고 나면 위험하지도 어렵지도 않다.

• 자산증대의 패러다임이 달라졌다. 투자마인드를 바꿔라!

1% 금리 시대에 10%, 아니 그 이상의 수익을 안정적으로 획득할 수 있는 투자를 하려면 생각부터 바꿔야 한다. 그래야 기회가 있다. 초저금리는 예금이나 연금 같은 금융상품 투자에는 최악이지만, 그런 이유 때문에 금융 상품을 떠난 돈이 찾아드는 부동산이나 증권 등에는 큰 호재다. 그렇다고 막무가내로 대출을 받아서 아파트를 사거나 주식에 덥석 투자해서는 안 된다. 노후를 걱정하지 않아도 될 만큼 충분한 돈을 가진 사람이라면 걱정이 덜하겠지만, 월급을 쪼개어 꼬박꼬박 예금이나 연금에 불입하고 있거나 저금리를 이용해 대출을 받아서 아파트에 투자하려는 사람은 망설여질 수박에 없다.

지금과 같은 불황기일수록 '대박'이나 '비법'에 대한 환상을 버리고 '적정한 수익 창출'이라는 투자원칙을 철저히 견지할 때 오히려 더 큰 수익을 올릴 수 있다. 앉아서 시세차익만을 기대할 것이 아니라 개발을 통해 적극적으로 부가가치를 창출하고, 각종 규제나 세제를 정확히 파악해 손해를 줄이면서 정당하게 수익을 올릴 수 있는 방법을 찾아야 한다.

• 자산축적의 시대에서 자산관리의 시대로, 부동산은 줄이고 금융자산은 늘려라

1인당 국민소득이 높아지면 일반 국민들의 자산 선호도에도 변화가 생긴다. 특히 보유자산 중 부동산 비중을 줄이는 대신 금융자산 비중을 늘려가게 된다. G7 국가들의 국민소득에 따른 재테크 방법을 살펴보면, 소득 1~2만 달러 시대는 자산을 모으고 저축하는 자산축적의 시대이다. 소득 3~4만 달러 시대는 모은 자산을 굴리고 이용하는 자산관리의 시대로 바뀐다. 우리나라도 마찬가지이다. 어떻게 하면 돈을 벌어 집을 사고 예금을 늘리느냐가 문제였던 축적의 시대에서 이제는 모아놓은 돈을 어떻게 관리하고 사용하느냐가 문제인 자산관리의 시대로 바뀌어 가고 있다.

최근 선진국의 부동산 비중은 미국이 34%로 가장 낮고, 일본이 43%, 독일과 영국·프랑스가 50%대를 보이고 있다. 나라마다 약간씩 차이가 있기는 해도 선진국의 경우 1인당 소득 1만 달러대에서 부동산 비중이 고점을 형성하고, 2만 달러 대에 들어서면 부동산 비중이 낮아지기 시작하는 것은 같다.

• 부동산 간접투자, 이제 국내만이 아니라 해외로도 눈을 돌려야 할 때

정부의 '8.2 부동산 종합대책'으로 앞으로는 국내에서 부동산 투자로 부자가 될 수 있는 기회가 줄어들었다. 이제는 고수익, 저위험으로 생각하는 부동산 투자에 대한 열기와 시선을 해외로도 돌려야 한다. 베트남의 개발 열풍은 이른바 북부 하노이와 남부 호치민에서 별도로 진행 중이다. 여기에 중부의 대표 도시인 후에 지역의 개발 붐도 한창이다. 소액의 부동산 투자에 성공하기 위해서는 사람들이 많이 모이는 이들 세 도시를 집중 공략하는 것이 안전하다.

아시아 부동산시장의 가장 큰 강점은 가치 상승률이 높다는 점이다. 이제 막 개발에 눈뜬 나라일수록 부동산 가치는 천정부지로 올라간다. 최근 베트남에 한국인 투자자들이 몰리는 이유도 여기에 있다.

당장 부동산에 투자하라는 것이 아니다. 동남아 부동산 투자에 관심을 가지고 그 나라의 제도를 이해하며 다국적 부동산 회사를 두드리라는 것이다.

저금리가 지속되면서 소액으로 투자할 수 있는 해외 부동산 투자 상품이 있다. 꾸준히 주목받고 있는 최근 '한국투자 도쿄오피스 부동산투자신탁 1호'는 총 660억 원 모집에 1,437억 원의 자금이 몰렸던 부동산 펀드로, 일본 도쿄 아리아케 지역에 위치한 '아리아케 센트럴타워'에 투자하는 펀드다. 연 7% 가량의 수익을 낼 수 있는 상품으로 펀드 최저 가입금액을 500만 원으로 낮추고, 선착순 방식이 아닌 청약 경쟁률에 따라 일정 비율대로 투자금이 배분되는, 안분배정 방식으로 모집한 것이 좋은 반응을 얻었다.

해외부동산 간접투자의 가장 큰 장점은 소액으로도 해외부동산 투자가 가능하고, 해외부동산을 직접 구입하고 관리할 때 올 수 있는 리스크를 어느 정도 해소할 수 있다는 점이다. 특히 투자 기간을 제한하는 일부 펀드상품을 제외하고는 현금화하기가 쉬워 자금 유동성도 높은 편이다.

해외부동산 직접투자와 비교해 간접투자의 가장 큰 장점은 적은 돈으로 여러 곳에 분산 투자가 가능하다는 점이다. 위험분산 효과를 극대화하기 위해 경제적인 유대 관계가 적은 지역, 예를 들어 미국과 캐나다에 동시에 투자하는 것보다 아시아 지역 국가와 북미 지역 국가로 분산 투자한다면 투자 시 어느 정도 위험분산 효과를 얻을 수 있다.

기회는 준비된 사람만 잡을 수 있다

• • •

요즘 투자설명회를 가보면 강의를 서서 들어야 할 정도로 인기가 많다. 불황기에 부자가 될 기회를 알려준다고 하니 사람들이 몰린다. 경제 위기에는 주가는 폭락하고, 금리와 환율은 폭등한다. 그리고 부동산 폭락이 발생한다. 이 기회를 어떻게 포착할 것인가? 이 위기를 그냥 버티기만 하다가는 절대 부자가 될 수 없다. 액션을 취해야 부자가 되는 기회라도 잡을 수 있다.

1997년 12월에 우리나라가 국제통화기금의 관리에 들어서자 다음 해인 1998년, 1999년까지 아파트 가격이 무려 40~50%가량 폭락했다. 이때를 견디지 못하고 가지고 있던 아파트를 팔아버린 사람들은 굉장한 손해를 봤다. 하지만 가격이 충분히 떨어진 아파트를 2000년부터 매수한 사람은 5~6년이 지나 큰 투자이익을 남겼다. 2000년~2001년 당시, 강남권 재건축아파트에 투자한 사람들은 위기를 기회로 삼은 사람들이다.

그들은 "불황이야말로 당신이 부자가 될 기회다"는 말을 실천했다. 남들이 아파트 값이 폭락한다고, 본전이라도 건지기 위해서는 빨리 파는 것이 상책이라고 말할 때, 그들은 아파트 값이 바닥을 치고 나면 곧 상승할 것이라고 믿었다. 그 무렵 대부분 사람들은 아파트 매물이 쏟아지자 '부동산 불패 신화'는 끝났다며 아파트는 거들떠보지도 않았다.

이처럼 부동산 투자도 주식과 마찬가지로 언제 사고 언제 파느냐, 즉 매수와 매도의 타이밍을 포착하는 것이 중요하다. 그런데 왜 굳이 2000년 시점과 비교하는 것일까? 그 이유는 IMF를 기점으로 아파트 투자자들의 희비의 쌍곡선이 교차하기 때문이다. 위기와 기회는 항상 함께 찾아온다.

우리나라가 경제위기를 겪을 때마다 재테크에 나섰던 많은 사람이 땀 흘려 모은 돈의 상당량을 잃어버렸고 상처를 입었다. 금융 시장에서는 이런 일이 똑같이 반복되었다. 그런데 다른 한편에서는 경제위기 때마다 자산의 크기를 몇 배나 키운 사람들이 있었다. 그 이유는 경제 위기는 자산을 크게 증식할 수 있는 기회를 동반하기 때문이다. 아무리 열악한 경제 상황에서도 '부자의 기회'는 존재하기 마련이다. 그리고 부자는 기회를 찾고, 그 기회를 활용할 줄 아는 사람들이다.

KB금융그룹 경영연구소의 '부자 보고서'에 따르면 2016년 기준 금융자산 10억 원 이상 부자는 21만 1,000명으로 그 전년보다 15.9% 늘었다. 자산 축적 방법으로는 '사업체 운영'이 가장 많았다. 끊임없이 노력해 부자의 반열에 오른 이들이 증가하고 있다는 것이다. 부의 대물림으로 '금수저·은수저·흙수저' 계급론이 등장하는 사회 분위기 속에서도 자수성가형 부자들은 꾸준히 증가하고 있다.

과거에 자산 축적에 가장 효과적이었던 두 가지 방법은 고금리 예금과 부동산이었다. 하지만 2000년 이후에 경제 활동을 시작한 젊은 세대에게 자산을 축적할 수 있는 기회는 이전에 비해 상당히 축소됐다. 저금리, 저소득, 저성장 시대인 지금은 1.5%도 안 되는 은행 이자로 월급만 모아서는 높은 물가를 감당하고 노후를 감당하기 힘든 게 현실이다. 그러나 아무리 열악한 경제 상황이더라도 기회는 늘 존재하기 마련이다.

• 침체된 시장일수록 원칙에 충실해야 기회를 잡는다

우리나라는 지금 글로벌 금융위기의 여파로 최악의 경기 불황 터널을 통과하고 있다. 주식 시장 폭락에 이어 부동산 시장에서도 미분양이 속출하고 거래가 실종됐다. 부동산 경기가 바닥을 칠 거라는 전망은 있으나 과거와 같이 사두기만 하면 돈이 되거나 인근의 개발호재로 무조건 값이 오르는 이른바 '부동산 불패'의 시대가 다시 시작될 것이라는 전망은 없다. 재테크를 하려는 투자자, 내 집 마련을 하려는 실수요자 할 것 없이 시름이 깊을 수밖에 없다.

전문가들은 이러한 시장의 변화에 맞게 재테크의 패러다임을 바꾸라고 조언한다. 우선 경제 전반에 대한 거시적 안목을 키워야 한다. 부동산이라는 나무뿐만이 아니라 이를 둘러싼 숲, 즉 금리와 환율, 물가 등 여러 경기 지표와 정부정책 등을 총체적으로 살펴보고 분석할 수 있어야 경기 상황을 예측하는 능력을 기를 수 있기 때문이다. 단순히 '살 때'와 '팔 때'를 결정할 때, 남의 의견이 아닌 자신만의 안목과 능력으로 결정을 해야 실패하지 않는다.

또한 전문가들은 '적당히 투자', '묻지마 투자' 등 구태의연한 투자 습관을 버리라고 경고한다. 부동산은 투기 대상이 아니라 재테크 수단이고, 적당히 투자해도 돈을 벌 수 있었던 호황기와 달리 이제는 구체적인 투자대상 설정과 세밀한 투자분석이 필수인 시대이다.

• 종잣돈을 준비해둔 사람의 눈에만 기회가 보일 것이다

모두가 위기라고 말하는 지금이 바로 투자의 적기다. '위기가 기회'라는 말을 모르는 사람은 없다. 그러나 대부분 위기가 어떻게 기회로 변하는지에 대해 잘 모른다. 그저 막연하게 재테크에 열을 올릴 뿐, 막상 '위기로 보이는 기회'가 와도 그 기회를 살려내지 못하고 위기에 깔려버리는 것이다.

경제 위기는 그 원인이 무엇이든, 그리고 그것이 어떤 형태이든 과거에 그러했던 것처럼 주기적으로 우리를 찾아올 것이다. 즉, 제한된 위험을 감수하면서도 통상적인 수준을 월등히 초과하는 높은 수익률을 얻을 수 있는 기회를 주기적으로 만날 수 있다. 그 기회는 준비된 사람, 즉 꾸준히 경제지식을 쌓아 경제의 흐름에서 위기의 징표를 읽어내고, 종잣돈을 준비해둔 사람의 눈에만 보인다. 종잣돈을 만드는 방법은 개인마다 다르다. 나의 경우, 전세보증금을 받아 수익형 부동산에 투자했고 나머지 자금은 은행을 통해 조달한다.

• 불황일수록 차별화와 양극화 전략이 필요하다

우리는 어떤 투자 전략으로 살아남을 수 있을 것인가? 불황일수록 차별화와 양극화 전략이 필요하다. 부동산 가격은 모든 지역이 오르거나 모든 지역이 떨어지지는 않는다. 비싸도 값을 하는 지역이 있고, 싼 게 비지떡인 지역이 있다. 그러므로 관심 지역을 좁혀 선택과 집중을 통해 성공 확률을 높여야 한다.

부동산 시장의 매매 가격, 전세 가격, 월세 가격의 기준을 잡아야 한다. 살고 있는 지역의 가격 기준을 바탕으로 점점 다른 지역으로 넓혀나가야 한다. 부동산 가격의 기준을 세우고 다른 지역과의 차이를 알게 되었다면 수익률이 낮은 지역은 과감히 투자대상에서 제외하는 것이 중요하다. 그렇게 하나씩 투자대상 지역을 비교해가면서 어떤 지역이 가장 수익률이 높고, 투자대상 지역으로 적합한지를 찾아내는 것이 중요하다.

경제적 어려움이 도처에 있을 때일수록 우리는 경제적 자유를 찾아 도전해야 한다. 부동산 투자는 금리가 낮으나 높으나 상관없이 투자 수익률을 정확히 분석해 투자하는 것이 관건이다. 금리가 오르면 투자 수익률이 조금 떨어지고, 금리가 낮으면 수익률이 조금 높아질 뿐이다. 금리가 높든 낮든 대출을 활용해 투자를 해야 한다. 결국 금리는 여러 가지 위험 요소 가운데 한 가지일 뿐이다.

• 투자의 고수처럼, 남다른 발상전환이 필요할 시점

투자 고수들은 완만한 상승기보다 오히려 가격 조정기를 투자적기로 본다. 아파트 가격이 폭등하던 지난 2006년 하반기와 펀드 열풍이 불었던 2007년에도 남들과 똑같이 투자에 동참한 사람들은 오히려 큰 손해를 보았다. 투자를 위해서는 남다른 발상의 전환이 필요한 시점이다. 진정한 고수는 환경을 탓하지 않고 긍정적으로 현실을 활용한다는 점을 명심해야 한다.

예전처럼 전세를 끼고 아파트를 매입해 투자수익을 노리는 전통적인 투자법은 서서히 자취를 감출 것이라고 한다. 시세차익을 바라는 부동산 투자법도 서서히 힘을 잃고 대신 임대수익을 원하는 투자법으로 급격히 시장이 움직이고 있다. 월세도 그때그때 받으면서 차후 개발이득이나 시세차익까지 노린다. 설령 개발이 늦어져 시세가 하락하더라도 그동안 월세를 차곡차곡 받았기 때문에 별로 손해 볼 건 없다. 월세만을 추구하는 상가나 오피스텔 같은 전통적인 투자방식은 일반적으로 임대수익(income gain)만 얻을 뿐 자본수익(capital gain)을 기대할 수가 없다.

우리는 수요와 공급의 원리를 알아둬야 한다. 수요가 많은 강남의 아파트 가격이 미친 듯이 뛰는 데는 그만한 이유가 있다. 수요는 많고 공급은 적기 때문이다. 공급이 아예 없다고 보면 되는 곳이 강남이다. 그래서 다른 곳과는 비교도 할 수 없을 정도의 프리미엄이 붙는 것이다.

• 대한민국 부동산이 정상으로 돌아오는 것은 시간문제

대한민국 부동산이 정상으로 돌아오는 것은 시간문제이다. '전셋값'이 '매매 가격'에 육박하는 현상은 분명히 비정상이기 때문이다. 2016년 중반인 시점에서 아직 서울 등의 전셋값은 상승하고 있다. 하지만 이러한 현상이 지속될 리가 없다. 너무 많이 올라버린 전세 보증금을 세입자에게 되돌려 주기 힘든 집주인들이 속출하는 머지않은 미래에 '역전세난'이 일어날 것이라고 하는 상황에서 '8.2 부동산 대책'은 앞에서 내놓은 부동산 대책과는 차원이 다르다.

이번 정책은 '실수요 보호와 단기 투기수요 억제를 통한 주택시장 안정화 방안'이라는 주제로 사실상 투기세력과의 전쟁을 의미했다. 현 상황에서 어떻게 대응하는 것이 본인의 자산을 안전하게 지킬 수 있을지 심각하게 고민을 해야 하는 시기이다. 대부분의 자산이 부동산에 집중되어 있는 만큼 투자 판단을 잘못하게 되면 큰 경제적 손실을 입게 된다.

아직 우리에게는 대응할 수 있는 충분한 시간이 남아 있다. 섣불리 행동하기보다는 지금부터라도 부동산에 대해 관심을 갖고 공부를 해서 자산을 지켜야 한다.

다주택자의 주택거래에 무거운 세금을 매기고, 대출을 더욱 강하게 조였으며, 재건축 초과이익환수제 시행과 재개발 분양권 전매제한을 추가했다. 여기에 청약제도를 강화해 무주택 실수요자에게 주택이 우선으로 공급될 수 있도록 했고, 풍선효과 차단을 위해 오피스텔마저 소유권이전등기 시까지 전매를 제한했다. 10년 만에 등장한 초고강도 부동산 종합대책이라는 말이 나돌 정도로 강렬했다. 실제로 이를 반영하듯 시장은 빠르게 하향 안정세로 돌아섰다. 일부 지역에서는 수천만 원에서 수억 원까지 가격이 하락한 급매물이 나오는 등 정책의 효과가 확연히 나타났다. 대한민국 부동산의 '비정상적인 상황'이 '정상'으로 돌아오는 것은 시간문제일 것이다.

불경기에도 통하는 불변의 재테크 원칙

• • •

고객들이 어떤 투자대상이 확실히 안전한지 물어보는 경우가 있다. 그럴 때 나는 아무리 그래도 채권 투자가 무난하다고 답한다. 채권은 주식보다 장기적인 수익률은 낮지만 단기적인 변동성은 적기 때문에 안정성을 중요시하는 투자자들이 선호하는 투자대상이다. 특히 불확실성이 높고 안전성이 중요시되는 시기에는 자산배분의 한 축을 담당하기에 적합하다.

• 고정수익률을 원한다면 채권 투자

채권 투자는 채권 구입 시점에 이미 만기까지의 수익률이 정해지므로 고정수익률을 원할 때에도 적합하다. 이렇듯 만기까지 보유할 때 지급받는 이자가 확정되어 있다는 점이 채권의 장점이다. 만기 이전에 시중 금리가 변하면서 채권 가격이 올라가면 보유 도중에 시세차익을 거두면서 매도할 수도 있다.

개인이 직접 채권투자를 하기 힘들 경우에는 간접투자 상품인 채권펀드를 이용하면 된다. 시장이 극도로 불안하여 발행주체자가 망할 가능성이 없는 채권까지도 가격이 과도하게 떨어지는 시기에는 채권펀드에 가입하여 괜찮은 수익을 올릴 수도 있다. 주식의 단기적인 시세변동성에 골머리 썩힐 필요 없이 만기까지 확보된 수익률을 얻을 수 있는 것이다. 불경기에 자산을 보존하면서 안정된 수익을 거두고 싶다면 채권에 관심을 가져보도록 하라.

• 임대용 소형 부동산은 초저금리 시대 최고의 노후투자

많은 사람이 노후를 대비하기 위해 재테크를 어떻게 해야 할지 고민한다. 하지만 그 방법이 무엇인지, 지금 하고 있는 투자가 옳은지 아닌지 제대로 판단하지 못한다. 이러한 고민을 해소하고 초저금리 시대에 적은 돈을 투자하여 안정적으로 고수익을 얻을 수 있는 방법이 임대용 소형 부동산이다.

급등하던 아파트 가격이 금융위기와 함께 주춤거리면서 매입을 미루고 전세를 찾는 수요가 급증했다. 그러나 주춤한 아파트 가격에 금리까지 낮아지자 전세 매물이 급격히 줄어들고 월세 비중이 늘어나기 시작했다. 이와 함께 독신가구가 증가하면서 중대형 아파트의 수요가 줄어들고 소형 아파트, 오피스텔, 원룸의 수요가 늘어나고 있다. 이러한 트렌드를 반영하듯 오피스텔이나 원룸 공급이 늘어나고 있지만, 수요를 감당하기에는 턱없이 부족하다. 큰돈을 마련할 수 있는 사람이라면 원룸 건물이나 고시텔 등을 매입해서 사업을 할 수 있을 것이다. 그런 큰돈을 마련하기가 쉽지 않다면 소형 부동산을 노려볼 만하다.

현재 서울과 수도권에는 수천만 원을 투자하여 연간 10% 이상의 수익을 올릴 수 있는 소형 아파트나 주거용 오피스텔의 수요는 날이 갈수록 커질 것이다. 우리나라의 독신 가구는 전체 가구의 16% 정도다. 서구 선진국의 경우는 독신가구의 비중이 약 40% 정도다. 우리나라도 머지않아 독신가구의 비중이 크게 늘어날 것이다. 임대주택 수요가 많은 지역에 위치한 비교적 저렴한 주택을 매입하여 상대적 고수익을 노리는 상품, 더불어 부동산 하락의 부침을 겪지 않으면서 매매차익을 기대할 수 있는 원룸과 주거용 소형 오피스텔이 유망하다.

• 합리적인 가격에 빨리 매도하고 싶다면 매매주택연출

정부 육성 2014년 44개 신 직업군 가운데 '매매주택연출가'가 선정됐다. 매매주택연출가란 북미에서 홈스테이저라는 이름으로 불리는 직업이다. 앞으로 주택시장의 구조는 공급자인 매도자 우위가 아닌 수요자, 즉 매수자 우위의 시장으로 변해갈 것이다. 따라서 매도자는 가격을 높게 받기 위해 부동산의 내외부에 걸쳐 일종의 리모델링을 해야 한다.

주택을 합리적인 가격에 빨리 매도하기 위해서는 다른 매물보다 다른 점이 필요하다. 그때 필요한 게 매매주택연출이다. 매매주택연출을 한 단독주택은 나중에 공사비 이상으로 가격을 더 높여서 매매할 수 있다.

만약 당신이 집을 팔고 싶고, 거기에 더해 짧은 시간에 최고의 금액을 받고자 한다면 매매주택연출은 꼭 하라. 매매주택연출은 누구나 쉽게 시작할 수 있다. 매매주택연출은 거실 소파 위의 지나치게 많은 수의 쿠션을 정리하고, 벽에 걸린 액자와 가족사진을 치우는 일에서부터 시작한다. 물때가 낀 화장실 바닥을 청소하고, 주방에 널려 있는 소형가전제품을 치워두고, 허름하고 낡은 담벼락을 페인트칠하는 일 모두가 당신의 집이 다른 집보다 더 빨리, 더 높은 가격에 매매될 수 있는 전략이다. 이제 번잡한 생각은 뒤로하고 필요한 행동을 하자. 매매주택연출은 당신에게 '잉여 이익'을 가져온다.

매매주택연출은 인테리어와는 다르다. 인테리어가 공간에 개인적 취향을 더하는 것이라면, 매매주택연출은 개인적 취향을 없애는 것이다. 한마디로 탈개인화이다. 매매주택연출은 당신이 좋아하는 소품이나 가구 등을 놓는 행위가 아니라, 집을 파는 행위이다. 인테리어는 선택이지만, 매매주택연출은 필수이다. 집이 팔리지 않아 골치 아프고, 경매 이후의 수익률 높은 재테크를 찾고 있는가? 그리고 주택 거래에서 가능한 최대의 매매가를 원한다면, 먼저 '주택'을 '연출'하라.

• '72'의 법칙, 시간이 부자를 만든다

'72' 법칙이란 투자한 자산이 2배로 늘어나는 데 걸리는 시간을 계산하는 공식이다. 예를 들어 1,000만 원을 이율이 1.5%인 정기예금에 가입했을 때 2,000만 원이 되기까지는 대략 48번의 재가입을 해야 한다. 72라는 숫자를 1.5%로 나누면 나오는 결과다. 금리가 낮아질수록 자산을 불리는 데 필요한 시간은 점점 늘어난다.

단리 계산법은 대부분 정기예금, 적금처럼 최초 원금에 이자를 건별로 계산해 직불하는 방식이다. 복리 계산법은 다르다. 복리는 정해진 주기(일, 월, 분기, 연)별로 이자를 원금에 가산해서 이자에 다시 이자를 붙여주는 방식이다. 그러므로 정해진 주기가 짧을수록, 이자율이 높을수록, 투자기간이 길수록 복리 효과는 커진다.

저금리 시대에는 이 같은 계산법에 민감하게 반응할 줄 알아야 한다. 금리가 연4%에서 1% 포인트만큼 떨어질 때 자산을 2배로 늘리는 데 걸리는 시간은 5.7년이다. 연3%에서 1% 포인트만큼 떨어질 때 걸리는 시간은 그 2배인 11.6년이 걸린다. 저금리 시대에는 자산 증대 속도는 늦어지고 자산 운용도 어려워진다. 이 때문에 원금손실이 없는 안전투자만 생각해서는 안 된다. 적극적인 투자에도 눈을 돌려야 한다.

부자, 태어나는 것이 아니라 만들어지는 것이다

• • •

나는 때때로 특성화 학교 학생들에게 취업상담을 하거나 특강을 한다. 특강 시간에 나는 부자 되기 프로젝트를 실천해보라고 강조한다. 조기 경제 교육을 통해 올바른 경제 습관을 가지는 것은 부자가 되기 위한 첫걸음이기 때문이다.

나는 특강을 시작할 때 현재 미국 대통령이며 억만장자 기업인이기도 한 도널드 트럼프의 성공 사례를 소개한다. 고등학교 시절부터 부자가 되기 위한 성공 마인드가 있어야 삶이 달라진다는 메시지를 전하며 강의 후에는 그의 책을 선물하기도 한다. 《도널드 트럼프, 억만장자 마인드》는 트럼프의 성공 마인드를 최초로 공개한 책이다.

도널드 트럼프는 책에서 성공한 사람을 보면 보통 사람과는 다른 특징을 가지고 있다고 말했다. 성공한 사람은 남과 다른 태도, 행동, 끈기, 열정과 같은 기질들을 통해 삶을 성공으로 이끌었다. 트럼프는 성공을 바란다면 이 세상을 구성하고 있는 98%의 사람들과는 다른 부류의 사람이 되어야 한다고 강조한다.

그렇게 이야기하는 트럼프 본인도 남들과 다른 사람이다. 트럼프가 개발한 하얏트 그랜드 호텔이나 트럼프 타워 등은 자금이 많은 상태에서 개발한 것이 아니다. 그는 세금을 환급받아 더 많은 수익을 내거나, 아무도 쳐다보지 않은 건물을 싼값에 구매하며 투자에 성공했다.

부동산 재벌, 억만장자, 미국의 값 나가는 부동산은 모두 도널드 트럼프의 손에 의해 탄생되었다고 할 만큼 그의 투자 안목은 탁월하다. 트럼프는 TV 프로그램(우리나라에서는 '백수탈출성공기'로 방영되고 있다)의 진행도 맡았었는데, 이 비즈니스 리얼리티 쇼를 통해 트럼프 배우기 열풍이 불었다. 사람들이 트럼프에 열광하며 그의 강연에 수많은 이가 모여드는 이유는 무엇일까? 바로 트럼프가 '맨손'에서 '억만장자 갑부'가 되었기 때문이다. 트럼프는 "어떻게 그렇게 큰 부자가 되었습니까?"라는 질문에 단호하게 이렇게 말한다. "크게 생각하고 과감하게 행동하라."

부자가 되려면 남들과 다른 2%의 사람이 되기 위한 방법을 터득해야 한다. 내가 강남에서 오랫동안 부자 고객들을 관찰한 결과 부자는 태어나는 것이 아니라 만들어지는 것이었다.

• 부자는 사회 초년생 때 만들어진다

30년 동안 은행에서 만난 부자 고객들은 부자는 사회 초년생 때부터 만들어진다고 입을 모아 말한다. 처음부터 계획 없이 살다보면 나쁜 습관을 익히게 돼 부자가 되기 힘들다.

신입사원 때부터 열심히 돈을 모아 부자가 된 고객이 있다. 그는 "머리 좋은 사람은 노력하는 사람을 못 이기고 노력하는 사람은 운 좋은 사람을 못 따라간다"라고 말한다. 돈을 모으는 것도 "빠를수록 좋다"고 생각해 고등학교를 졸업하자마자 취직을 했다.

30:30:30의 시대라는 말이 있다. 처음 30년간은 부모의 도움으로 살고, 다음 30년간은 스스로 돈을 벌어 살고, 마지막 30년간은 은퇴 후 소득 없이 살아간다는 말이다. 중요한 시기는 마지막에 있는 30이다. 마지막 30년을 잘살기 위해서는 미리 자산운용에 대한 감각을 키워야 한다. 그러기 위해서는 신입사원 때부터 노력을 해야 한다.

• 한 달에 한 번 이상 은행을 들러라

요즘은 은행에서 VIP고객의 통장에 스티커로 만기일과 금액을 표시해준다. 그러나 부자 고객은 예전부터 통장에 굵은 매직 등으로 표시를 해두고는 했다. 부자 고객은 일반 고객과 달리 인터넷 뱅킹을 선호하지는 않으며 바빠도 한 달에 한두 번 직접 은행을 방문해 통장을 확인하고 관리한다. 돈 관리만큼은 좋은 습관을 들여야 한다. 부자들은 언제나 경제 흐름에 관심을 가지고 뉴스를 수집하기 때문에, 대화를 하면서도 시황을 분석하고 예견하는 경우가 많다. 내가 근무했던 강남 지역의 부자 고객들은 올바른 금융상품을 선택을 하고 자신만의 목표 수익률을 재점검하기 위해 한 달에 한 번 이상은 은행에 간다. 그들은 혼자 고민하기보단 은행의 자산관리 전문 직원과 상담을 한다.

꾸준한 관심이 없다면, 연수익률을 3%, 5%, 10%로 목표 수익률을 정했을 때 투자자산 환매시점을 놓쳐 대응을 못할 수 있다. 시장 상황에 적합한 투자 상품으로 전체 자산 50%에서 주식형 펀드에 30%, 채권형 펀드에 20%를 배분하기로 결정했으면 이에 따른 금융상품을 선택해야 한다. 자산을 먼저 배분하고 금융상품을 선정하면 투자손실위험을 줄일 수 있다. 또 미리 목표 수익률을 정하면 투자 관련 의사결정을 더 쉽게 할 수 있다.

이렇게 나만의 투자전략을 세워야 하는 이유는 목표가 없으면 의사결정을 제대로 못해 수익을 내기가 어렵기 때문이다. 스스로 기준을 세우기 어렵다면 가까운 은행을 활용하는 것도 좋다. 은행은 일반인이 가장 쉽게 접할 수 있는 금융 전문가들이 상주하는 곳이므로, 도움을 받을 수 있다.

열심히 돈을 벌고 아끼는 것도 좋지만 금융 기관에서 내 돈이 잘 굴러갈 수 있도록 관심을 가지는 것도 결국은 자신의 몫이다. 이는 돈을 버는 것만큼 중요하다. 은행에서는 금융 상품을 고를 때 해야 할 것과 하지 말아야 할 것을 명확히 구분해주므로,

한 달에 한 번 이상은 은행에 내점해서 좀 더 똑똑한 경제활동을 하자. 사실 은행 직원들과 친분만 쌓아도 재테크에서 큰 부분을 차지는 펀드나 주식에 대한 좋은 정보를 얻을 수 있다. 그리고 은행을 효율적으로 사용하는 법과 현명하게 투자하는 법 그리고 노후를 설계하는 법까지 자세하게 알게 된다.

무엇보다도 은행과 친해지면 세상을 살아가는 데 필요한 경제 개념을 탄탄히 익힐 수 있다. 그리고 이득을 누릴 수 있는데도 무지해서 얻을 수 없는 상황을 피할 수 있다.

• 안전한 부자는 스스로 만들어 나가는 것이다

움직이는 자가 부자가 된다. 당신은 다른 누군가가 아닌 당신 자신과 겨루고 있다. 스스로를 이길 때 당신은 비로소 부자가 될 수 있다. 그러나 겨루는 것조차 하지 않고 그 자리에 멈춰 있으면 부자가 될 기회는 영영 오지 않는다.

부자들은 본인이 판단한다. 조력자는 투자 수익률에 대해 명확히 설명하고 투자를 권유할 뿐이다. 판단은 결국 본인이 한다. 주변에 물어 할까 말까를 고민하지 않는다. 선택하고 실행하면 뒤돌아보지 않는다. 부자라고 모든 투자 결과가 다 좋은 것은 아니다. 그런데도 그들이 부자가 될 수 있는 이유는 '탓'을 하지 않기 때문이다.

안전한 부자의 삶은 목적이 분명하다. 얇은 귀로 이리저리 기웃거린다면, 평생 기회를 놓칠 수밖에 없다. 무엇을 해야 할지, 하지 말지를 명확하게 알면 열정이 생긴다. 열정은 난관을 돌파하고 성공하게 만드는 힘이며 목적이 이끄는 삶으로 변화시킨다. 부자가 되고 싶다면 '부자 습관'을 몸으로 익히고 실천해야 한다. 아래 안전한 부자들의 7가지 자기경영법을 참고하자.

***안전한 부자들의 7가지 자기경영법**

1. 작은 것에 만족하지 말라
2. 매일 자신의 부를 측정하라
3. 한 방은 없다
4. 스스로 이해하지 못하는 재테크는 하지 말라
5. 모든 것은 내 '탓'이다
6. 포기하지 말고 계속 가라
7. 돈보다 시간을 챙겨라

• 움직이지 않으면 기회는 찾아오지 않는다

재테크서를 읽으면 "움직여라, 모든 것은 당신에게 달려 있다"는 말과 자주 마주친다. 우유를 시켜 먹는 사람과 우유를 배달하는 사람, 두 사람 중 누가 더 건강할까? 우유를 마셔서 건강해질 수도 있지만 그보다 더 건강한 사람은 땀 흘리며 일하는 사람이다. 그처럼 부지런히 움직이는 사람이 건강한 삶을 살 수 있다.

부자가 되는 것 역시 마찬가지다. 움직이지 않으면 기회는 찾아오지 않는다. 틀에 박힌 사고로 모든 것을 판단하며, '세상이 나에게 기회를 주지 않는다'고 한탄하지 말자. 누구나 부자가 되어 경제적 자유를 누리기를 꿈꾼다. 그러나 꿈을 꾼다고 해서 무조건 실현되는 것은 아니다. 그에 맞는 열망이 있어야 사고와 행동이 따르고 마침내 원하는 것을 이룰 수 있다.

많은 이들이 가슴 속에 부자의 꿈을 가지고 있다. 우리는 현명하되 때로는 이기적이고 냉철한 머리와 가슴으로 인생을 살아야 한다. 그리하면 머지않아 역시 경제적 자유를 누리는 부자가 될 수 있을 것이다.

2장

당신은 왜 아직 부자가 되지 못했을까?

돈이 따르는 부자들의 성공 습관

• • •

나는 전북 부안군 곰소라는 작은 바닷가 마을에서 태어났다. 우리 부모님들은 누구보다 성실했지만 경제적으로 여유로운 삶을 사시지는 못했다. 고생하시는 부모님을 보면서 평생 존경하면서도 늘 "이렇게 성실하고 착하신 분들이 왜 부자가 되지 못했을까?"라고 자문하곤 했다. 그런데 수천억 원에 가까운 자산을 관리하며, 경험이 쌓이면서 어릴 때부터 품어왔던 의문에 대한 답을 얻을 수 있었다. 부자들은 '보통 사람'과는 다른 사고방식과 습관을 가지고 있었다.

VIP팀장을 하다보면 VIP고객들에게 식사를 대접하며 배움을 청할 때가 많다. 그러면 자산관리를 해주는 은행원에게는 알려줄 게 많다고 오히려 밥을 잘 사주신다. 식사자리에서 만난 부자들은 “자신의 삶이 너무나 편안하다 생각된다면 그때가 자신의 인생이 녹슬어가고 있는 때인지도 모른다. 지금 자신의 인생이 이미 편안함에 길들여져 있지 않나 돌아봐야 할 때이다”라고 강조한다.

나는 30년 동안 은행에서 일하면서 수많은 부자들과 만나고, 수많은 대화를 나누며 진짜 부자들이 어떻게 돈을 모으고, 쓰고, 나누는지를 배웠다. 부를 끌어당기는 부자들의 습관을 열거해보겠다.

***부를 끌어당기는 부자들의 습관**

- ☑ 부자들에게 시간은 곧 돈과 신뢰이다
- ☑ 돈을 써야 할 곳과 아껴야 할 곳을 구분한다.
- ☑ 부자는 절대 적을 만들지 않는다.
- ☑ 부자들은 손해 보는 일을 하지 않는다.
- ☑ 사물에 대한 접근방식이 단순하다.
- ☑ 어려운 상황에 놓였을 때 유연하게 생각한다.
- ☑ 잘된 사람 말만 듣는다.
- ☑ 일단 결정했다면 반드시 실행한다.
- ☑ 계속하고 싶은 일은 기록한다.
- ☑ 기본에 충실하다.
- ☑ 약속에 늦는 사람은 싫다. 내가 늦는 건 더 싫다.
- ☑ 돈이 나를 위해 일하게 한다.
- ☑ 투자는 빚으로, 소비는 내 돈으로 한다.

- ☑ 절대 돈 자랑을 하지 않는다.
- ☑ 소개를 통해 고객을 얻는다.
- ☑ 사람들의 말을 잘 경청한다.
- ☑ 지갑을 잘 관리한다.
- ☑ 자신이 잘 모르는 분야에 뛰어들지 않는다.
- ☑ 부정적인 일로 에너지를 쓰지 않는다.
- ☑ 과소비하지 않는다.
- ☑ 좋은 인간관계가 행복한 부자가 되기 위해 꼭 필요한 요소다.
- ☑ 술자리보다는 점심시간을 중시한다.

• 지갑을 잘 관리한다

VVIP고객들은 해외여행을 일 년에 정기적으로 두 번 이상 다녀오는 것 같다. 한번은 고객에게 여행 선물로 동전지갑을 받은 적이 있다. 그런데 막상 그 고객은 아이러니하게 동전을 꺼내기 위해 동전지갑을 뒤지지 않는다고 한다. 그 이유는 계산할 때 동전을 일일이 세어가며 내는 시간이 아깝기 때문이다. 게다가 계산대에서 순서를 기다리고 있는 다른 손님을 짜증나게 만들기도 싫다고 한다. 하지만 동전 하나를 가볍게 여기진 않는다. 그 고객이 내게 동전지갑을 준 것 역시 동전을 꺼내는 것이 아닌 동전을 잘 담으라는 의미였다.

부자들은 지갑을 잘 관리한다. 얼마가 있는지 한눈에 알 수 있도록 1만 원부터 1천 원까지 금액별로 가지런히 넣어둔다. 매주 지갑에 같은 금액의 지폐를 넣어둔다. 지폐를 구기거나 함부로 사용하지 않으며 신용카드는 플래티넘 한 장인 경우가 대부분이다.

• **자신이 잘 모르는 분야에 뛰어들지 않는다**

유명한 칼국수 가게를 운영 중인 유 사장은 처음에는 갈빗집을 했다. "장사는 정말 쉽게 볼 게 아닙니다. 장사가 잘되는 집에 가보면 나도 이 정도는 할 수 있을 것 같은 생각이 들잖아요. 그런데 막상 해보면 그렇지 않더라고요. 자신이 잘할 수 있고, 좋아하는 음식으로 승부를 걸어야 합니다."

유 사장은 이전에 갈빗집을 운영할 때는 생각보다 인건비가 많이 들었고 밑반찬 준비와 서빙에도 손이 많이 가고 기름기가 있는 그릇을 닦는 것도 보통 일이 아니었다고 한다. 음식 가격이 높다 보니 현금보다는 카드를 사용하는 손님이 많았고, 그렇다 보니 자금 회전도 느렸다. 반면 칼국수 가게는 기본 단가가 5,000원으로 현금거래가 많으니 자금 회전이 좋았다. 반찬은 맛있게 담은 김치 하나만 있으면 됐다. 무엇보다 아내의 칼국수가 맛있으니 다른 음식점에 비해 경쟁력이 있어서 주방장에게 휘둘릴 일이 없었다.

재테크도 마찬가지다. 제일 자신 있고 잘 아는 분야로 승부를 봐야 한다. 주식 시장이든 부동산 시장이든 그곳에는 그것만을 본업으로 하는 이들이 즐비하게 버티고 있다. 이 사실을 잘 모르는 이들이 함부로 재테크 시장에 뛰어든다. 부동산이 좋다고 하니까 없는 돈 빌려 집을 사기 시작하고, 펀드가 열풍이라고 하니까 적금이란 적금은 다 깨어 펀드에 모든 재산을 투자하고는 한다. 그렇다면 과연 부자들은 어떨까?

내가 관리하는 고객들의 계좌를 분석해보면 재산을 몇 개월, 길게는 몇 년 동안 MMDA, MMF 등에 방치하는 고객들이 더러 있다. 이 계좌들은 언제든 찾을 수 있는 자금을 투자하는 하루만기상품이지, 오랫동안 놔두는 고수익상품은 아니다. 그러나 부자들은 투자할 타이밍을 기다리며 자금을 비축하고 있다. 남들이 모두 공포에 질려 헐값에 투자자산을 싸게 내다 팔 때, 부자들은 헐값에 살 수 있는 절호의 기회라고 생각하며 기다리는 것이다.

• 좋은 인간관계는 행복한 부자가 되기 위해 꼭 필요한 요소

진정한 부자들은 부와 성공을 혼자만의 힘으로 이뤄냈다고 생각하지 않는다. 그들의 행복과 성공 뒤에는 반드시 그 사람을 지지해준 누군가가 존재했다. 그래서인지 성공과 행복을 모두 거머쥔 사람들은 대부분 감사하다는 말을 입에 달고 산다. 좋은 인간관계가 행복한 부자가 되기 위한 필수 요소다.

진정한 부자들은 또한 자기 자신을 사랑할 줄 아는 사람들이다. 근거 없는 자아도취가 아니라 자기 자신을 믿고 행동함으로써 더욱 자신감을 얻고 나아가기 때문에, 자기 자신을 사랑할 수밖에 없다. 자신을 사랑할 수 없는 사람은 누군가를 존경하지 못하며, 누군가를 친절하게 대하지도 못한다. 그러므로 성공하고 싶다면 우선 자기 자신부터 깊이 사랑해야 한다.

부자 고객을 보면 일부러 사람을 만나려고 하지 않는다. 하지만 꼭 만나야 할 사람이라면 기꺼이 수소문을 해서라도 만난다. 누구를 만나든 겸손하다. 돈이 없는 사람을 만나도 낮춰 보지 않는다.

• 저녁 술자리보다는 점심식사를 선호한다

부자는 인간관계를 넓히기 위해 누군가를 만날 때, 늦은 저녁 술자리보다 점심식사를 선호한다. 인간관계를 돈독히 하는 데에 술이 제일이라고 믿는 사람이 많다. 물론 저녁식사 모임이나 술자리를 잘 활용하면 상대와의 거리가 가까워지고 비즈니스 협상도 순조롭게 진행된다. 그러나 늦은 저녁 술자리는 모든 것을 무위로 돌려 버릴 수도 있다.

첫째, 기분만 고조된 채 끝나는 경우가 많다. 술에 취해 무슨 말을 했는지 기억이 확실하지 않으면 그저 '즐거운 술자리'로 끝나 버린다. 비즈니스에서 인간관계를 넓히려면, 단순히 즐거운 시간으로 그치지 않고 의미 있는 단계로 이어지도록 하는 것이 필요하다.

둘째, 대화가 잡다해진다. 술기운에 자리의 목적과 상관없는 아무 이야기를 던지게 되면, 말한 사람도 들은 사람도 기억하지 못한다.

셋째, 시간 낭비다. 술에 취해 기분이 좋아지면 시간이 허락할 때까지 술자리가 계속된다. 2차나 노래방으로 이어져도 생산적인 대화는 없고, 다음 날 업무에도 좋지 않은 영향을 미친다.

부자들은 많은 사람을 만나지도 않거니와, 꼭 만나야 한다면 점심식사 자리를 마련한다. 맑은 정신에서 생산적인 대화를 나눌 수 있기 때문이다. 부자들에게는 시간과 에너지 역시 자산이다.

책 읽지 않는 당신 VS 매일 2시간씩 경제신문 읽는 부자

• • •

국민은행의 김정태 행장은 늘 직원들에게 경제신문을 읽으라고 권한다. 경제신문에는 사건이나 사고를 다룬 기사의 비중이 적은 대신 정치, 경제, 국제사회의 흐름에 대한 정보가 있다. 지식사회에서 가치 있는 정보는 '돈'이나 마찬가지다. 그러므로 경제에 관한 지식과 관점 없이 고객을 만나면 위험하다. 고객과 상담하려면 경제 현상을 이해할 수 있어야 하며, 현상을 바라보는 관점도 있어야 한다. 이를 위해 기본적으로 경제개념과 금융상식을 알고 있어야 한다.

아는 게 힘이다. 알아야 종잣돈을 어떤 상품에 투자할지, 부동산이 좋은지 증권이 좋은지 등을 자신 있게 고객에게 권할 수 있기 때문이다.

• **아침 일찍 일어나 경제신문을 본다**

은행원과 마찬가지로 부자들 역시 매일 아침 경제신문으로 '정보'를 수집한다. 재테크의 기본은 경제를 보는 눈이다. 경제를 보는 관점이 없다면 '돈의 흐름'을 볼 수 없기 때문이다.

자수성가 부자들은 일찍 일어나 명상과 운동 그리고 독서 등으로 아침 시간을 효율적으로 활용한다. 업무가 시작되기 전에 컨디션을 최상으로 만들어 놓는다. 컨디션이 좋으면 좋은 업무 결과가 나오기 때문에 반드시 지키는 습관 중 하나이다.

그리고 그들은 매일 두 시간 정도 경제신문을 펼쳐 부동산, 금리, 교육 등에 관한 기사를 읽는다. 경제전문가의 사설이나 칼럼 등에서 유익한 정보를 얻고 우리 삶 전반에 어떤 경제현상이 미칠 영향과 파급효과에 대해 생각한다. 또 국제면에서 미국 경제 관련 정보를 챙겨 읽는다. 미국은 우리나라의 최대 수출대상국이기도 하면서, 세계 경제에 미치는 영향력이 막강하다. 미국이 무너지면 세계 경제도 같이 흔들린다. 수출비중이 70%에 육박하는 우리나라 경제는 직격탄을 맞을 수밖에 없으므로 미국의 금리는 초미의 관심사다. 미국 경기의 호황기에는 금리 인상을 통해 경기를 어떻게 연착륙시킬지, 경기 침체기엔 어디까지 금리를 내려 경기의 불씨를 일으킬지가 중요하기 때문이다.

이런 부자 고객을 보면 "아! 이래서 부자가 되는구나" 하는 생각이 들 수밖에 없다.

• **정보와 생각을 메모하여 활용한다**

우리 고객 중 한 분인 장 사장님은 가락동 수산시장에서 가장 부지런한 분이다. 거래하는 사람들의 이름과 사소한 특징까지 기억하려 노력하는 태도에 모두들 대단하다며 칭찬할 정도이다. 장 사장님은 사소한 것을 메모하는 습관이 부자가 된 비결이었다고 한다. 그가 지금도 거래처 경조사를 꼼꼼히 챙길 수 있는 이유는 거래하는 한 사람, 한 사람의 특징과 그들과 나눈 대화를 기록해두기 때문이다. 장 사장님의 손때 묻은 수첩에는 날짜별로 빼곡하게 메모가 적혀 있으며 형광펜으로 이런저런 표시가 되어 있다.

중소기업의 CEO로 있는 정 대표님 역시 메모하는 습관을 가지고 있다. 영업점을 방문할 때마다 여러 PB팀장들을 만나 견해를 듣고 메모를 한다. 대개는 한 명의 PB가 전담해서 상담하지만 그는 가급적 많은 전문가의 이야기를 들어보려고 노력한다. 또한 경제신문의 주요기사를 꼼꼼하게 스크랩해서 자신만의 투자전략노트를 만들고 있다.

사실 메모하는 습관을 들이는 것은 매우 어렵다. 성공한 사업가였던 부자 고객은 매순간 떠오르는 모든 아이디어들을 메모한다. 그리고 그것을 활용하는 습관을 가지고 있다. 그는 사람의 기억은 컴퓨터처럼 저장하며 다시 불러올 수 없기 때문에 메모하는 습관은 매우 중요하다고 강조한다.

• 1% 차이를 위해 꾸준하게 공부한다

성 대표는 은 책 한 권을 꼭 가지고 내점한다. 그는 주말이면 집에서 책을 읽고 한강변을 산책하며 하루를 보낸다고 한다. 그는 "성공과 실패는 능력의 차이라기보다, 1% 작은 의식의 차이에서 비롯된다"고 말한다.

공부나 독서를 오랫동안 해온 사람들이 성공하는 것은 지식이 많아서가 아니다. 지식은 인생을 바꾸지 못한다. 인생을 바꾸는 것은 지식이 아니라 의식이다.

세상에 능력이 뛰어난 사람은 많다. 하지만 성공한 부자라고 해서 모두 능력이 뛰어난 것은 아니다. 능력은 비슷한데 어떤 이는 크게 성공하고 큰돈을 벌고, 어떤 이는 평범하게 살아간다. 이 차이를 만드는 것이 바로 의식이다.

성 대표는 평범한 사람과 비범한 사람의 차이는 능력이나 지식이 아니라 의식에 있다고 진짜 인생을 살게 해주는 진짜 공부를 꼭 하라고 책을 선물한다.

지출을 기록하지 않는 당신 VS 돈과 시간을 기록하는 부자

• • •

〈한연숙의 생활경제〉 라디오 프로그램을 진행할 때 신혼부부에게 재테크 상담을 해준 적이 있었다.

대부분 결혼 초기에는 결혼 전 소비습관에 익숙해져 있다. 하지만 가계 지출을 효율적으로 관리하기 위해서는 결혼 전 소비습관에서 벗어나 지출내역을 꼼꼼히 기록하는 습관을 들여야 한다. 가계부를 적는 것만으로 불필요한 지출을 줄일 수 있다. 또한 매월 정기적으로 나가는 고정비용은 자동이체 신청을 해두면 이체하는 것을 잊고 연체료를 무는 일을 막을 수 있다.

자기관리가 잘 안 되고 지출통제가 안 되는 편이라면 신용카드를 사용하지 않는 것이 좋다. 매월 정해진 범위 내에서만 소비하는 습관을 키울 수 있도록 체크카드 사용을 권한다. 나는 이런 조언들과 함께 신혼부부에게 저축계획을 미리 세우라고 강조하며 상담을 마무리했다.

그리고 십 년이 지난 후에 그 신혼부부가 은행에 찾아온 적이 있다. 신혼 때 가진 게 없어 언제 부자가 되냐며 불평하면서도 내 조언에 따라 꼬박꼬박 가계부를 적어왔다는 것이다. 그리고 매월 정해진 범위 내에서만 지출했다고 한다. 그런 생활을 하다 보니 어느 순간 누가 부자가 되고, 누가 평범하게 살아가는지 보이기 시작했다는 것이다. 돈을 절대 함부로 대하지 않고 자산이 아무리 적더라도 철저하게 지출을 기록할 뿐만 아니라 머릿속으로도 정확하게 정리하고 관리하며 애정을 두다 보니 자연스럽게 금융상품의 만기를 놓쳐 금리를 손해 보는 경우가 단 한 번도 없었고, 깔끔한 통장정리 습관을 들였다고 한다. 그렇게 십 년을 지내며 모은 종잣돈이 자신들을 부자로 만들어주었다고 한다.

• 부자는 말한다. "최고의 투자는 절약이다"

워런 버핏의 "작은 지출을 조심하라"는 명언을 자주 인용하는 부자 고객이 있다. 그는 어느 날 이른 시간에 은행에 내점했다. 나는 임대사업자인 그에게 ISA 만능통장 가입을 권유했다. 그는 아침을 못 먹고 배고파 하는 나에게 브런치를 함께하자 했다. 자신의 건물을 관리해주는 관리실장도 부를 테니 자산관리 상품 ISA 상담도 해달라는 것이다.

그렇게 셋이 가게에 모였다. 메뉴판을 보다가 관리실장은 고객과 같은 메뉴를 골라 주문했다. 그러자 고객은 "자네는 왜 나와 같은 음식을 주문했나?"라고 물었다. 당황한 그는 "같은 음식을 먹는 게 좋지 않겠습니까?"라고 우물쭈물 대답했는데 뜻밖의 말이 돌아왔다. "자네의 자산은 내 자산에 비해 턱없이 모자라지 않은가. 그렇게 돈을 함부로 써서 어느 세월에 돈을 모으겠어? 만약 자네의 자산이 내 자산보다 1,000배 적다면, 가격도 1,000배 더 싼 음식을 먹어야 하네."

최고의 투자는 절약이라는 부자 고객은 이런 말도 했다. "잘 생각해보게. 내가 가진 자산의 5%를 늘리는 건 아주 어려워. 하지만 지출을 5% 줄이는 일은 간단하지." 많은 사람이 큰 지출에만 신경을 쓰고 신중히 고민하지만 작은 지출은 잘 관리하지 않는다. 작은 지출에는 분명 쓸데없는 지출이 있을 것이다. 그 지출을 막는 습관이 필요하다.

다만 불안한 마음에 지나치게 저축을 우선시해서 공격형 투자를 완전히 중단하는 일이 생기지 않도록 주의해야 한다. 또한 부자들은 자신을 위한 투자는 아끼지 않는다. 특히 운동을 위한 지출이나 무언가를 배우기 위한 지출은 줄이지 않길 바란다.

• 부자는 말한다. "시간이 돈이다"

단 1분이라도 소홀히 여기지 않고 소중히 여기는 마음이 필요하다. 수천억 원대의 재산을 모은 김 회장님은 이런 말을 했다. "신뢰는 생명이다. 약속시간 10분 전에 도착하라."

부자들 중에는 유난히 시간을 소중하게 여기는 사람이 많다. 그래서 상대방이 약속 시간에 단 1분이라도 늦으면 언짢아 하고, 반대로 자신이 늦을 것 같으면 반드시 상대에게 연락해 양해를 구하며 사과한다. 한 가지를 보면 열 가지를 알 수 있다고 하지 않던가. 부자든 가난하든 시간만큼은 누구에게나 공평하게 주어지는 것이다.

만약 시간을 놓쳤다면, 그만큼 많은 기회를 놓친 셈이다. 지금부터라도 시간을 꼼꼼히 관리하겠다는 자세를 갖춰야 한다. 돈 관리와 시간 관리에는 공통점이 있다. 쓸데없이 낭비하면 순식간에 사라진다는 것이다.

재테크의 출발점은 "시간은 돈이다"라는 진리를 깨닫는 데서 시작한다. 시간은 누구에게나 공평하다. 서민이든 부자든, 상류층이든 일반인이든, 남녀노소 누구에게나 하루는 똑같이 24시간이다. 그런데도 누구는 빠듯하게 한 달 벌어 한 달 먹고 살아가며, 또 다른 누구는 부동산 재테크로 부수입을 얻으며 여유로운 삶을 누린다.

당신이 22세의 흡연자라면 오늘부터 담배를 끊고 담뱃값으로 쓰는 돈 4,500원을 연이율 11%(이는 적립식투자를 전제했을 경우 지난 25년간 주식시장의 연평균 수익률이다)의 금융상품에 투자해보자. 당신이 퇴직하는 58세에는 5억이 되는 거금을 손에 쥐게 될 것이다.

• 쪼개고 또 쪼개어 본질을 파헤친 뒤 해결방안을 찾는다

운이 좋아 부자가 되었다고 하는 아웃도어 브랜드 장 대표는 겸손한 사람이다.

"어떤 일을 추진할 때 더 이상 쪼갤 수 없을 때까지 쪼개고 또 쪼개어 세분화하다 보면 거의 대부분의 문제점과 해답을 찾을 수 있습니다. 개인적인 문제가 생겼을 때도, 마케팅이 막혔을 때도 마음을 진정시키고 본질에 집중하는 것이 중요합니다."

어떤 일을 하든 플러스와 마이너스 사고를 동시에 지닌 사람이 성공한다고 장 대표는 말한다. 작은 가게라도 '초긍정적 사고'를 가지고 뛰어들어야 하며, 동시에 '초부정적 사고'를 갖고 리스크에 대비해야 한다고 강조한다. 작은 가게에서 발생할 수 있는 모든 리스크를 꼼꼼하게 적고 '초부정적인 상황'에 대비해야 한다는 것이다. 리스크를 염두에 두고 있으면 실전에서 시행착오를 줄일 수 있다. 과감하게 돌파해가는 무모함과 함께 사소한 것도 챙기는 소심함도 갖춰야 한다며 웃었다.

"그렇게 본질을 쪼개고 쪼개다 보면 의외로 쉽게 답이 떠오를 때가 많습니다." 문제점을 돌파하는 가장 좋은 방법은 장 대표가 확언했던 대로 더 이상 쪼갤 수 없을 때까지 본질을 파헤쳐 해결방안을 찾는 것이다. 그는 쉽게 긍정하지 않는다. 일단 모든 것을 부정적으로 본다. "계속 부정적으로 생각하면 이전에는 미처 보지 못했던 문제점이 보이고, 그 점을 수정하다 보면 결국 긍정만 남게 됩니다." 그렇다. 더 이상 쪼갤 수 없을 때까지 본질을 파헤쳐 해결방안을 찾아야 한다.

• 돈이 모이는 습관을 가지고 있다

돈을 어떻게 쓸지 완벽하게 계획을 세워서 그대로 관리하기만 하면 돈이 모인다. 하지만 사람 사는 일이 어디 계획대로만 되는가. 열심히 절약한 다음 날에는 조금 사치를 부리기도 하고, 갑작스럽게 예상치 못한 지출을 하기도 한다. 계획과 다르게 돌아가는 소비 패턴을 들여다보면 돈 새는 구멍이 드러난다. 이 문제를 해결하려면 재테크 투자 정보를 공부하기 전에 돈이 모이는 생활을 만들어야 한다.

돈은 버는 것보다 얼마나 잘 관리하느냐가 관건이다. 일본 재무컨설턴트 요코야마 미츠아키는 저서《90일 완성 돈 버는 평생 습관》에서 '수입이 많아도 돈을 버리는 습관을 가진 사람'을 위한 90일 프로그램을 소개한다. 간략히 설명하면 다음과 같다. 3개월 동안 물건, 생활, 돈 순서로 점검하며 저절로 돈이 모이는 평생 습관을 완성한다. 첫 번째 달에는 왜 자꾸 있는 물건을 또 사서 헛돈을 쓰는지, 일단 사놓고 필요한 물건이라고 합리화하지는 않는지 등을 돌아보며 소비 습관을 개선한다. 두 번째 달에는 일상생활을 정돈하는 것을 목표로 생활에서 불필요하게 지출하고 있는 것은 없는지, 스트레스를 돈으로 풀고 있지는 않은지 등을 꼼꼼히 따져 보며 돈이 새어 나가는 구멍을 발견하고 해결책을 마련한다. 마지막으로 세 번째 달에는 흐름을 알 수 없는 수입과 지출 내역을 심플하게 정리하고 돈에 대한 자신만의 규칙을 만든다.

이 책을 통해 인터넷 쇼핑이 취미였던 4인 가족 부부는 별다른 재테크도 하지 않고 5,000만 원을 모았다고 한다. "숫자를 몰라도 쉽게 따라 할 수 있다", "특별히 사치하지도 않는데 돈이 모이지 않던 이유를 찾았다", "책 덕분에 구원받았다" 등 수많은 찬사가 쏟아졌다. 숫자나 경제에 약해서 재테크에 소극적인 사람, 주식·펀드·부동산 뭘 해도 제자리걸음만 하는 사람에게 근본적인 재테크 해결책을 제시했다. 매일매일 생활에서 행하는 습관만 바로잡아도 돈을 모을 수 있단 것을 알려준 것이다.

싼 것만 찾는 당신 VS 가치에 투자하는 부자

• • •

나는 물건이 싸면 많이 구입하는 편이다. 하지만 부자들은 그 물건이 나에게 필요한지 먼저 생각한다. 현명한 소비란 무조건 싼 것을 사는 게 아니라 가치가 있다면 대가를 지불하는 것이다. 그것이 부자들의 방식이다.

아주 작고 사소한 부분부터 변화하도록 노력하는 것이 부자로 가는 지름길이다. 부자들은 가치 있는 소비를 하고 가치를 보며 투자를 한다. 한 부자 고객이 만 원에 책을 사 읽을 때 책에 소비된 것에는 만 원뿐 아니라 시간과 건강도 함께 포함된다고 한다. 그 대가로 지식을 얻은 것이다. 그러나 얻은 지식을 묻어두지 않고 자신만의 색으로 바꾸어 강의를 열고 사업을 한다면, 책에 소비된 시간, 돈, 건강이 얼마가 되었든 몇 배로 다시 돌아온다고 한다. 단순한 소비가 아닌 가치를 만드는 투자로 생각하는 것이다.

자신이 현재 부자가 아닌 것은 잘못된 습관을 무의식적으로 반복한 결과인지도 모른다. 할인행사가 열릴 때마다 좇아다니고, 명품에 연연하며, 쓰기 위해 돈을 벌고 있다면 부자가 될 수 없다. 부자들은 결코 파격 할인에 휘둘리지 않는다. 가격보다는 가치를 추구하는 쇼핑 습관 때문이다. 부자들은 차림새에도 연연하지 않는다. 스스로 돈이 있고 자존감이 있기에 남들에게 보이려는 욕구에 우를 범하지 않는 것이다. 평생 남들에게 보이려는 욕구로 물질적인 부를 추구한다면 물질적 가난이든, 정신적 가난이든, 결코 가난에서 벗어날 수 없다.

• 부자들은 필요 없는 물건은 사지 않는다

나는 20~30대 연령을 대상으로 금융·경제 교육을 할 때가 종종 있다. 금융전문가답게 구체적인 손익비교부터 제대로 된 돈 쓰기 전략까지 소비자가 알아야 할 지출의 핵심 요소들을 놓치지 않고 강의한다. 그러면 질문이 들어온다. "부자들의 소비습관은 어때요? 왜 직접 물건을 사는 것을 선호할까요?"

부자들은 단돈 만 원짜리 물건을 구입할 때도 지출하기 전에 정말 필요한 물건인지, 자신에게 세 번을 물어본다. 그리고 품위 있는 생활을 즐기기 위해 값비싼 물건을 구입할 때도 적절한 범위 안에서 지출하기 위해 여러 번 고심한다. 특히 경조사, 카드 사용, 쇼핑, 결혼 비용 등 일상의 모든 지출상황에서 현명한 소비와 잘못된 소비의 차이를 알고 행동한다.

괜히 폼 잡느라 쓸데없이 돈을 쓰는 경우, 당장에는 이익인 것 같지만 결국에는 불필요한 지출이 된다. 우리는 여태껏 소비자를 유혹하는 고단수 마케팅, 실속 구매의 착각을 불러일으키는 신용카드 포인트의 함정 등에 속아 돈을 낭비해왔다.

일본은 개인 소비에 카드 결제가 점하는 비율은 20%에 지나지 않는다. 그러나 한국은 80%에 달한다. 현금을 사용할 경우와 카드를 사용하는 경우, 어느 쪽이 소비를 컨트롤하기 쉬울까? 말할 것도 없이 현금으로 지불하는 경우다. 필요 없는 물건을 사지 않기 위한 주저할 시간을 더 주기 때문이다.

• 돈 쓰고 난 후에 반드시 검증의 시간을 가져라

우리는 물건을 구입하고 나면 정말 필요했는지 필요하지 않았는지 검증하지 않는다. 샀으면 끝이다. 지금 주변을 둘러보자. 생필품을 사러 마트에 들를 때면 뚜렷한 목적 없이 '언젠가 필요하겠지', '세일하니까 미리 사두자', '새 상품이 나왔으니까 한번 써보자' 하는 마음으로 무심코 이것저것 집어 들지는 않았는가. 낭비하려는 마음은 눈곱만큼도 없었다. 다 필요해서, 싸게 살 수 있으니까 나름대로 합리적인 소비를 했다고 생각했지만 돈은 계속해서 줄줄 새고 있었던 것이다.

물건을 구입하기 전에는 '이 물건은 꼭 필요하다'라든지 '이

것을 사면 생활이 달라질 것이다'라는 마음이 든다. 그런데 구입한 뒤에는 어떠한가? 처음 생각과 달리 구입만 하고 사용하지 않는 물건도 부지기수다.

하지만 이러한 지출을 세세하게 따져가며 관리하는 것은 너무 힘들다. 오히려 역효과가 발생할 수 있다. 초기에 내 지출에서 낭비의 싹을 잘라 버리겠다고 하는 결연한 의지를 갖는 것보다 어느 정도 여유를 가지고 낭비를 균형 있게 조절하겠다는 생각이 더 도움이 된다. "수입의 5% 이상을 넘지 않겠다"는 식으로 범위를 제한해두는 것도 좋은 방법이다. 수입이 300만 원이라면 한 달에 15만 원을 쓰고, 400만 원이라면 20만 원을 쓰는 것이다. 이렇게 계산해보면 예상보다 꽤 큰 금액이라는 생각이 들지 않는가? 돈 쓰고 난 후에 반드시 검증의 시간을 가져라. 충분히 해볼 만한 일이라는 자신감이 생길 것이다.

• 향후 10~15년 뒤의 미래가치를 보고 투자에 나선다

얼마 전 '신가치투자법'을 창안한 김 대표의 전국 무료 강연회에 참석했다. 그는 주식의 400년 역사를 보면 우상향을 그리고 있다고 말했다. 또한 그는 "엘빈 토플러를 스승으로 모시며 부가 어떻게 형성되고, 어떻게 변화하며, 또 어떻게 이동하는지, 우리의 삶에 어떤 변화를 몰고 올 것인지를 읽어 냈다. 스승이자 경쟁자 워런 버핏에서 안주하지 않고 그를 닮고자 하면서 넘어서고자 노력하고 있다"며 "지금껏 만 권이 넘는 꾸준한 독서와

사색으로 성공한 이들을 연구하는 노력을 게을리 하지 않고 있다"고 말했다.

기술의 발전이 계속되는 한 주식시장의 성장도 계속된다. 시대를 읽어내는 능력이 탁월하다고 평가받는 그는 "주식은 미래가치 즉 '꿈'으로 미래를 읽는 기술이 반드시 접목되어야 한다"면서 "농업혁명, 산업혁명, IT혁명이라는 3개의 물결을 넘어 제4의 물결로 향후 새로운 미래가 어떻게 다가오고 있는지를 꾸준히 관찰하면 돈의 흐름을 알 수 있다"고 말했다.

주식투자는 각자의 '꿈의 공장'에서 무지갯빛 미래를 꿈꾸는 것이다. 개별 종목의 주가는 그 기업의 '현재 가치+미래 가치'라는 공식으로 이해해야 한다. 미래에 대한 꿈을 안고 투자하지만 그 '미래가치'는 지금의 현재 시장에 얹어진 일종의 프리미엄이다. 즉 현재가치에 미래가치가 더해진 것이 바로 그 기업의 주가인 셈이다.

부동산도 마찬가지다. 부자들은 가치에 돈을 묻는다. 전통적인 투자 방식을 고수하며 미래를 내다보는 가치 투자를 한다. 반면 일반 투자자는 개포 지구처럼 분양이 임박한 곳이나 시장의 이슈 및 호재에 집중하는 경향을 보인다.

부자들에게 결국 가격이 오를 가능성이 높은 투자 유망 지역이란, 도시의 부자들이 소위 평당 1억 원씩 되는 분양가를 주고 집을 사고 싶어 하는 지역을 말한다. "나는 어디 아파트에 사는 사람입니다"라는 정체성을 심어주는 지역이라는 것에 가치를 둔다고 할 수 있다. 최대한 자신이 가진 자금운용의 범위 안에서 가치 있는 물건을 선택해야 한다. 갈아타기를 할 때는 생활권 문제와 더불어 미래 가치를 따져야 한다. 고만고만한 곳으로의 수평이동은 귀찮기만 하다. 지금 사는 곳이 만족스럽지 않아 옮겨야 한다면 시간이 걸리더라도 정말 만족하고 오래오래 살면서 가치 상승을 동시에 만끽할 수 있는 곳을 선택해야 한다.

앞으로 부동산 수요는 개발이나 임대를 통해 가치를 높이는 쪽으로 빠르게 옮겨갈 것이다. 대박을 위한 투자가 아니라 일정한 수익을 위한 투자로의 전환 말이다. 시세차익과 함께 수익 가치를 안다면 이제 가치를 높이는 쪽으로 투자를 해야 한다.

부동산 정책의 틈새를 찾아다니며 잔꾀를 부린다고 해서 내 집 마련에 성공하는 것은 아니지만 주요 정책의 변화는 알아둬야 한다. 워낙 많은 정책이 새로 나오고, 바뀌었으므로 신문이나 인터넷에서 정책 관련 뉴스와 정보를 스크랩한 뒤 아래와 같은 '내 집 마련 계획표'에 붙여두고 하루라도 빨리 가치 부동산에 투자할 마음을 먹어야 한다.

• 일 년에 단 하루라도 부자처럼 생각하고 행동하기

부자 고객 중 한 명인 이 회장은 매일 아끼고 모으는 돈 감각도 중요하지만 일 년에 하루 정도는 '부자경험'을 해보는 게 꼭 필요하다고 말한다. 가치를 알아야, 가치를 얻기 위한 열망을 가질 수 있기 때문이다. 그런 의미에서 나도 매달 커피 두세 잔 정도의 금액을 꾸준히 모아 일 년에 한 번 가족들과 최고급 호텔 레스토랑에서 식사한다. 처음에는 화려한 분위기에 부담감도 느끼고 음식 먹는 법도 익숙지 않아서 불편했는데 매년 그 경험을 거듭하다 보니 그 분위기에 익숙해지고 즐길 수 있는 여유도 생겼다.

부자 되기란 오랜 시간과 노력을 필요로 하는 일이다. 하루하루는 성실하게 돈 감각을 단련하고 일 년에 단 한 번은 부자처럼 여유 있게 쓰는 법을 익히자. 자녀들이 부자 마인드를 가지는 데에도 도움이 될 것이다.

오늘에 만족하는 당신 VS 도전을 즐기는 부자

• • •

2004년 무렵, 강남의 한 고객이 아들 명의로 다 쓰러져가는 반포 3단지 아파트를 구입했다. 아무도 거들떠보지 않던 아파트였다. 주변에 재테크 좀 한다고 소문난 동료들은 왜 지천에 널린 멀쩡한 아파트들을 놔두고 돈도 안 되는 작고 허름한 아파트에 투자하느냐고 말렸다. 그러나 그의 생각은 달랐다. 비록 지금은 볼품없는 소형아파트지만 5~6년 후에 재건축만 된다면 분명 돈이 될 거라 확신했다.

그의 판단은 적중했다. 그 아파트는 재건축에 들어갔고 현재 새 아파트로 탈바꿈했다. 4억 원에 매입한 아파트가 현재 무려 14억 5,000만 원이다. 그는 그만큼의 투자 수익을 올렸다.

• 행동력이 돈을 부른다

집값 떨어진다고 하며 모두 몸을 사릴 때 강남부자들은 오히려 검토하고 바로 실행했다. 과감히 베팅했으며 분위기가 아닌 미래를 보고 투자했다. 또한 자산관리에 발품을 많이 팔았다. 그들의 냉철한 판단력은 부동산 시장이 흔들릴 때일수록 돋보였다. 아울러 말보다 행동이 더 빨랐으며 최종 실행단계에서 전문가의 얘기를 전적으로 신뢰했다.

실패를 두려워하지 않고 포기하지 않는 그들의 도전정신과 실행력은 그들을 부자로 이끈 큰 요인이다. 단언컨대 매수지점만 저울질하거나 전문가가 찍어주는 족집게 투자에만 의존해서는 부자가 되기 힘들다.

새해가 되면 사람들은 어김없이 신년 운세를 보기 위해 이곳저곳을 찾는다. 몇만 원의 돈을 지불해가며 매년 똑같은 소리를 듣는 것이다. 2017년 당신의 금전운이 궁금한가? 그렇다면 지금 당장 당신의 금전운을 높여줄 부자들의 습관에 귀 기울여 보자. 부자에게 있어서 행동력이란 지금 당장 실행하는 힘이 아닌, 언제든지 행동으로 옮길 수 있도록 준비하는 능력을 의미한다. 그들의 행동력을 배우는 것은 합리적인 판단을 내리고, 기회를 잡기 위해 준비하는 방법을 배우는 것이다.

• 지금부터라도 자신의 수준에 맞는 부동산에 투자하라

은행에서 명예퇴직한 박 지점장은 퇴직금을 가지고 투자할 곳을 알아보고 있었다. 그는 대학생과 젊은 직장인이 많아서 임대수요가 풍부한 서울대입구역 안쪽 주택가에 있는 5층짜리 상가주택을 매수했다. 전체 매매대금 20억 원 중 기존 소유주가 상가주택을 담보로 받았던 은행 대출 9억 원을 그대로 인수하는 것으로 계약을 맺고 보니, 보증금 5억 원을 제외하고 박 지점장이 지출한 금액은 6억 원이었다. 즉, 자기 자본 6억 원으로 20억 원짜리 상가 주택을 산 것이다.

그는 이 한 번의 투자로 은행에서 퇴직한 지 1년 만에 은행이자를 제하고 한 달에 550만 원이 넘는 수입을 얻게 되었다. 처음 계약을 했을 때는 얼떨떨했지만, 그것도 잠시뿐이었다. 하나둘 세입자를 늘려가며 계약하기 시작하자 정신이 번쩍 들었다. 주위에 있는 부동산을 다니며 새로운 임차인 소개를 부탁하는 게 귀찮기도 했지만, 한 달에 한두 번 수고로운 대신 월 550만 원이 넘는 돈을 받는다고 생각하니 그마저도 기쁘게 할 수 있었다.

박 지점장처럼 월세 받는 부동산을 가지기 위해 가장 먼저 해야 할 일은 돈을 모으는 것이 아니라 구체적인 목표를 세우는 것이다. 매달 월세로 550만 원을 벌고 싶다면 생각만 하지 말고, 그 목표를 달성하기 위해 어떻게 해야 할지 구체적인 계획을 세워야 한다. 즉, 자신이 현재 가지고 있는 여유자금으로 투자할 수 있는 부동산이 있는지, 자금이 부족하다면 앞으로 얼마를 더 저축해야 하고 시간은 얼마나 걸리는지를 계산해봐야 한다.

나중에 돈을 많이 벌어서 부동산을 살 수 있는 능력이 생겼을 때 근사한 부동산을 사겠다고 생각하지 말고 지금부터라도 자신의 수준에 맞는 부동산에 투자하고 월세를 받아서 점차 더 좋은 부동산, 더 많은 월세를 받을 수 있는 부동산을 가지겠다고 생각해야 한다. 돈을 많이 벌게 되었을 때 월세 나오는 부동산을 사겠다는 것은 그저 꿈일 뿐이다. 지금 당장 투자를 하지 않으면 나중에도 부동산 투자를 할 수 없게 된다. 지금의 결심과 행동이 가장 중요한 것이다.

• 남들이 준비하고 있을 때 빨리 도전하라

커피 전문점을 경영하는 정 대표는 원래 공무원이었다. 꼬박꼬박 월급이 나오는 생활은 그녀의 꿈과 거리가 있었다. 때문에 이때다 싶은 생각이 들자 미련 없이 사표를 던졌다. 아직 젊은 나이에 안정적인 직장을 그만둔다니 주변에서는 다시 한 번 생각해보라며 만류했다. "저는 솔직히 저를 말리던 동료 직원들이 더 걱정됐어요." 남들은 안정적인 직장을 원했지만, 정 대표의 생각은 달랐다. 샐러리맨이야말로 정말 미래가 불완전한 사람들이라는 것이다. 미래에 대한 뚜렷한 대책이 없는 샐러리맨 생활에 익숙해져버리면 시간이 갈수록 초라해지고 대책이 없어진다는 것이 그녀의 생각이었다.

창업으로 성공한 사람들의 공통점은 무엇일까? 놀랍게도 이들 모두 20대를 전후한 시기에 창업을 시작하여 사업가의 길로 일찍 들어섰다는 점이다. 그들은 다른 사람들이 완벽한 때를 기다리며 우물쭈물하고, 더 많은 준비를 하고, 더 좋은 때를 기다리고 있을 때 과감하게 도전했다.

우리가 이들에게 배워야 할 점은 완벽함을 추구하며 때를 기다리기보다 빠르게 도전하고, 다시 또 도전하는 행동력이다. 많은 사람이 실제로 행동하지 못하는 이유는 준비가 부족하기 때문이 아니라, 두려움이 크기 때문이다. 무엇인가 이루고 싶고 하고 싶은 것이 있다면 머뭇거리거나 망설이지 말고 지금 당장 도전하고 행동하라. 어떤 일을 시작하기에 가장 좋고 완벽한 때는 없으며, 완벽한 준비라는 것도 있을 수 없다. 기회란 기다려서 만들어지는 것이 결코 아니다.

• 슈퍼리치가 되고 싶다면 그들의 습관을 배워라!

라면을 가장 맛있게 먹는 방법은 라면 봉지에 적힌 조리법 그대로 끓이는 것이라고 한다. 마찬가지로 사람들 대부분은 어떻게 하면 성공하는지 의식적으로든 무의식적으로든 알고 있다. 다만 그것을 '실행'하지 못할 뿐이다.

내가 슈퍼리치들의 자산을 관리하면서 느낀 게 있다면, 그들은 성공을 위해 차근차근 자산을 불리는 일을 결코 의식적으로만 행하지 않았다는 것이다. 슈퍼리치들은 돈 붙는 행동이 몸에 배어 있었다. 생각이 바뀌면 행동이 바뀌고 행동이 지속되면 습관이 된다. 습관이 만들어지면 인생이 바뀐다. 갈수록 짧아지는 정년과 갈수록 치열해지는 경쟁 속에서 인생을 풍요롭고 보람

있게 만들기 위해서 우리에게 먼저 필요한 것은 슈퍼리치의 습관을 몸에 익히는 것이다.

100억 슈퍼리치라 불리는 이들도 10년 전에는 경제 상황이 우리와 크게 다르지 않았다. 평범했던 그들이 성공할 수 있었던 단 한 가지 이유는 부자가 되고픈 열망을 마음속에 품고, 소중한 자신을 믿었으며, 슈퍼리치가 된 사람들의 성공습관을 그대로 따라 했기 때문이다.

아직 늦지 않았다. 지금 비록 통장잔고는 0원이고 매일매일 직장생활에 지쳐갈지라도 가능성은 있다. 슈퍼리치의 성공습관을 나의 '습관'으로 굳히는 순간, 당신은 슈퍼리치의 반열에 올라설 초석을 마련하게 되는 것이다. 선택은 당신에게 달렸다.

3
장

통장의 변신, 불황기에 시작하라

가난한 통장, 어떻게 불릴 것인가?

• • •

금융업계에 종사하면서 은행 업무와 고객관리만을 위주로 하느라 경제를 깊이 있게 공부하지 못했다. 2007년 글로벌 금융위기가 터졌을 때, VIP고객들은 선물환 약정이 되어 있는 해외펀드에 가입하였으며, 달러 변액연금보험에 들고 외화통장을 만들었다. 그리고 부동산매입매도에 대출까지 하며 투자했다. 나는 이들을 지켜보며 지금이 바로 부자가 되는 기회라는 것을 알게 됐다. 그들은 그동안 공부해온 내공으로, 위기를 기회로 바꾸는 작업을 발 빠르게 시작한 것이다.

공부로 내공을 쌓지 않으면 남의 말에 휩쓸리기 쉽다. 누가 어느 아파트를 사서 돈을 벌었다는 말에, 주가나 금값이 오르고 있다는 뉴스에, 높은 수익률을 보장한다는 컨설턴트의 권유에

귀가 얇아진다. 그렇기 때문에 우직하게 공부해야 한다. 조급한 마음을 공부로 다스려야 한다. 그래야 투자에 실패하지 않는다. 섣불리 투자에 뛰어들었다가 실패하면, 종잣돈부터 다시 모아야 한다. 어떤 이들은 한 번의 실패로 모든 의지를 잃어버리기도 한다. 부자들은 부자가 된 지금도 실패하지 않기 위해, 돈을 잃지 않기 위해 쉬지 않고, 끊임없이 공부를 한다.

내가 만나본 부자들은 항상 공부하고 준비한다. 그래서 작은 정보 하나라도 돈이 될 것 같은 촉이 오면 집중하고 민감하게 반응할 수 있다. 아무리 불경기라 하더라도 투자를 하고 기회를 놓치지 않는다. 정보를 중요하게 여기기 때문에 그 정보를 활용해 기회를 잡는 능력이 뛰어나고 사는 시점과 파는 시점의 타이밍을 알고 있다. 또한 경기 흐름의 사이클 순환변동을 잘 적용하여 투자의 효율을 극대화시킨다. 유형 자산과 무형 자산 형성 과정에도 실질적으로 인위적인 흐름의 힘이 있다는 것을 느껴야 한다.

• 우선 부자들의 투자 관점과 방법을 익혀라

부자는 부자인 이유가 있다. 먼저 부자들의 투자 관점과 방법을 공부해야 한다. 싸게 사서 손해 보지 않는다는 개념의 안전마진, 더 높고 공고해진 부자가 되는 진입 장벽, 지속적으로 돈을 굴려 불려나가는 눈덩이 투자법 등은 부자들이 이룩해낸 비법이자 비결이다.

부자들은 이제 더 이상 미래의 가격 상승을 노리고 투자해 시세 차익을 보며 수익을 올리는 시대는 끝났다고 말한다. 이러한 가격 상승을 통해 얻은 차익이 또 다른 묻어두기식 투자로 연결되는 시기도 아니다.

부동산 투자로 수익을 올리던 패러다임은 이미 한참 전에 끝났다. 앞으로의 부동산 투자는 투자 자금의 크기, 투자자의 성향과 특성뿐만 아니라 시장의 장점과 약점까지 고려하는 최적화된 방식으로 이루어져야 한다. 이러한 변화 속에서 성공하기 위해서는 시장의 추이를 관찰하는 것은 물론, 투자의 기술에 대한 심층적인 공부도 게을리 하면 안 된다.

• 환율을 모르면 절대로 투자하지 마라

경제학자들은 금융시장의 3대 가격지표인 '금리, 주가, 환율' 중에서 환율이 가장 중요하다고 강조한다. 환율은 굉장히 중요한 주제이다. 고등학교 교육 과정에 외환에 대한 교육이 추가돼야 할 것 같다는 생각이 들 정도다. 예전에, 특성화 고등학교에 특강을 나간 적이 있다. 이때 금융인 직업에 대한 강의를 진행했는데 의외로 달러에 관심 있는 학생들이 많아 관련 질문이 많았다. 외환 위기와 금융 위기를 비교해달라는 질문과 환율을 누가 결정하는지에 대한 질문이 대표적이었다.

외환 위기와 금융 위기는 어떻게 다를까? 흔히 3대 가격지표를 인류가 사는 지구 표면에서 일어나는 각종 지질학적 활동에 비유한다. 금리와 주가는 국지적인 화산 활동이나 지진과 같다. 자국 내에서만 문제가 될 뿐 인근 국가에는 직접적인 영향을 주지 않기 때문이다. 그러나 환율은 사정이 좀 다르다. 환율은 지표면 용암의 흐름인 국지적인 지각 활동에만 머무는 것이 아니라 맨틀의 움직임과 같이 지구 대륙판에 전체적인 파괴력을 갖는다. 환율이 움직이면 대륙판이 움직이듯이 경제 파장이 무시무시하기 때문이다. 우리가 겪는 총체적인 경제 파국을 금리 위기나 주식 위기라고 하지 않고 외환 위기라고 하는 이유는 이 때문이다. 결론적으로 우리가 겪는 총체적인 경제 파국은 금리 위기나 주식 위기가 아니라 외환위기이다.

환율은 누가 결정하는 것일까? 환율은 앞서 말한 딜러라는 직업을 가진 민간인이 결정한다. 서울 외환시장의 경우는 80여 명의 딜러가 결정한다. 이 딜러들은 외국환 업무인가를 가진 국내 은행과 외국계 은행 서울 지점의 원/달러 담당 딜러이다. 이들은 각 은행을 대표해 딜링룸에서 하루 종일 매도, 매입 포지션 한도 내에서 투기적인 거래를 하고 거래기업을 포함한 기관에서 의뢰받은 달러화를 매매한다. 외환 거래 중개기관인 서울외국환중개와 한국자금중개에 매매주문을 내고, 차익을 남기기 위해 어떤 경우에는 자기들끼리도 피나는 눈치 싸움을 벌인다.

환율에 대한 지식은 경제적 자립을 지키는 데 꼭 필요하지만, 이를 제대로 교육받고 사회에 나온 이들은 매우 드물다. 환율 공부는 부자가 되기 위해 꼭 필요하다.

• 실천방안으로 투자지침서를 만들어라

요즘 같은 저금리 저성장 시대가 된 후에야 투자에 관심을 갖게 된 사람들이 많다. 지금까지 별다른 관심이 없던 사람들이 제대로 준비도 하지 않고 갑자기 투자에 나선 것이다. 저금리, 저소득, 저성장 시대인 현재는 재테크의 암흑기이다. 그러나 '투자 기회'는 있다. 부자는 기회를 찾고, 그 기회를 활용할 줄 아는 사람들이다. 그 기회를 잘 알고 있는 부자 고객 A가 수첩에 적어 둔 자신만의 주식 투자지침과 부동산 투자지침을 알려준 적이 있다. 그의 투자지침은 다음과 같다.

***부자 고객 A의 주식 투자지침**

- ☑ 주가가 이전의 고점에 비해 25% 이상 떨어지면 주식을 매수한다.
- ☑ 주가가 이전의 고점에 달하면 주식을 즉시 매도한다.
- ☑ 수익률이 25%에 달하면 주식을 즉시 매도한다.
- ☑ 주가가 이전의 고점에 달하지 않더라도 주식을 매수한 날로부터 24개월이 경과하면 주식을 즉시 매도한다.

***부자 고객 A의 부동산 투자 지침**

- ☑ 내 자본금을 20%씩 5개로 나누고, 그중 4개는 투자하고 나머지 1개는 예비비 통장에 두어 위험을 막는다.

- ☑ 입찰 전 또는 매입 전에 매도 시점을 미리 확인하고, 매도 가능성을 확인하고 매입하자.
- ☑ 수익률이 높다고 해도 위험도가 큰 물건이라면 피하자.
- ☑ 임대수익은 연 20% 이상, 매도차익은 실투자금 대비 100% 이상의 물건에 접근하자.

그는 지금이 기회라며 두세 달 만에 투자할 상품의 특징이나 리스크를 전문적인 영역까지 모두 파악해서 가시적으로 반등의 기회에 왔을 때 적극 투자했다.

이와 같이 자신만의 행동강령을 정해두고 그에 따라 판단하고 행동하면 감정 개입을 최소한으로 줄일 수 있다. 그리고 다른 사람의 말에 휘둘리지도 않게 된다. 주가의 저점을 잡아내거나 금리의 고점을 잡아내기 위해서는 감정이나 직관에 의해 판단해서는 안 된다.

• 투자는 선택이 아닌 필수이다

우리가 앞으로 25년간 경제 활동을 해서 돈을 번다고 가정해보자. 아껴 쓰면서 은행에 열심히 적금을 넣는다. 그럼 안전한 노후가 보장될 것 같은가? 아니다.

물가가 25년간 '복리'로 꾸준히 오르기 때문에 시중 금리에서 물가를 뺀 실질 금리가 매년 플러스 값을 가진다 해도, 은행 예금만으로 복리로 치솟는 물가를 따라잡는 건 불가능하다는 계산이

나온다. 그러니까 투자는 선택이 아닌 필수이다.

투자지침서를 보여줬던 부자 고객 A는 예금과 적금을 주력으로 하는 안정적 성향의 투자자라도 자산의 일부는 꼭 투자를 해야 한다고 했다. 인생에는 예금 금리 외에 '플러스알파'가 필요하다. 투자를 안 하는 건 자유지만, 알고 안 하는 것과 몰라서 못 하는 건 분명 다르다며 투자를 안 하면 나중에 후회할 거라고 그는 말한다.

그는 또 부동산 투자를 시작하면서 인생 선택의 폭이 넓어졌다고 한다. 그가 만약 부동산 투자를 하지 않았으면 지금쯤 평범한 월급쟁이로 살고 있었을 것이다. 조금씩 내가 원하는 쪽으로 인생을 끌고 나가고 싶다면 투자는 선택이 아닌 필수다.

주식에 투자할까?
부동산을 시작할까?

• • •

저금리 시대의 재테크 방법은 다양하다. 주식과 부동산 투자로 부자가 된 고객 B에게 불황기에 주식과 부동산 중에 어떤 것에 투자할 것인지에 대해 물었다.

부자 고객 B는 재테크에 성공하기 위해서는 위험이 큰 주식보다 부동산부터 먼저 공부하는 게 바람직하다며, "신문 기사를 볼 때도 먼저 부동산 면부터 보고, 그다음에 주식 면을 보는 게 좋아요"라고 한다. 물론 주식과 부동산에 골고루 나눠 투자할 정도의 현금자산을 갖고 있다면 굳이 순서를 나눌 필요는 없을 것이다.

그러나 아직 집이 없고 집이 있다 하더라도 현금 자산이 변변치 않다면, 역정보에 당할 확률이 낮은 주거용 부동산부터 공부하고 공략하는 게 바람직하다고 고객 B는 말한다. 여러 투자 대상 가운데 경기 흐름에 가장 민감하게 반응하는 것이 주식이다. 주식 투자를 오랫동안 해본 사람이라면 주가의 흐름과 경기 흐름 사이에 밀접한 관계가 있음을 잘 알고 있을 것이다. 주가는 경기가 좋아질 때 상승세를 보이고, 반대로 경기가 나빠지면 하락세를 보인다. 더 정확히 말하면 주가는 경기가 바닥을 치기에 앞서 움직이고 경기가 정점을 지나기 전에 하락한다.

하지만 주의해야 할 것은 주식의 위험성만큼 부동산 투자의 리스크 역시 만만치 않다는 점이다. 사람들은 대부분 가만히 앉아 있어도 집값이 오르므로, 부동산으로 돈을 버는 것이 식은 죽 먹기라고 생각하지만, 부동산으로 부자가 되는 것은 주식으로 돈을 버는 것보다 훨씬 어렵다. 부자들의 조언을 들어보자.

• 하나, 주식에 투자할까?

저금리 저성장 시대일수록 경제적 문제를 해결하려면 더 많은 노력이 필요하다. 생존을 넘어 기회를 만드는 단계까지 나아가려면 더더욱 그렇다. 그러려면 무엇보다 자신을 정확하게 파악해야 한다. 자신에 대해 잘 모르고 투자를 하면 굉장히 위험한 상황이 닥칠 수도 있다.

젊은 시절 여의도 증권가에서 나름 날리는 증권맨이었던 이 대표는 주식투자는 이성적인 판단이 중요하다고 한다. 그러므로 집중력과 절제심이 강하며 계좌관리 및 분산전략을 세울 때 이

성적으로 판단할 수 있다면 주식투자를 권한다고 했다.

이성적으로 판단하기 위해선 투자하기 전에 원칙을 정하고 그에 따라 판단하고 행동해야 한다. 그는 자신만의 투자 지침서를 만드는 것이 최우선이라고 말한다. 주가의 저점을 잡아내거나 금리의 고점을 잡아내기 위해서는 감정이나 직관으로 판단해서는 안 된다. 왜냐하면 감정이나 직관은 판단에 혼돈을 일으키며, 실수를 불러올 가능성이 매우 높기 때문이다.

예를 들어 주가가 저점에 달했더라도 감정이 앞서면 주가가 더 떨어질 것 같아서 주식을 매수하지 못한다. 반대로 주가가 고점에 달했더라도 감정이 앞서면 주가가 더 오를 것 같아서 주식을 매도하지 못한다. 그렇기 때문에 스스로 투자의 원칙을 정하고 그에 따라 판단하고 행동하라는 것이다.

① 나만의 원칙과 전략 세우기

주식 투자는 위험하다. 하지만 주식을 안 하는 것 역시 위험하다. 적극적인 주식 투자 없이 노후 대비는커녕 여윳돈조차 쥐기 힘들어졌기 때문이다. 그렇다면 어떻게 주식 투자에 성공할 수 있을까?

우선 자신에게 맞는 투자 원칙과 전략을 세워야 한다. 하지만 자신에게 꼭 맞는 전략을 장착하기란 쉬운 일이 아니다. 최근처럼 장세가 좋지 않을 때는 더욱 그렇다. 이럴 땐 일찌감치 주식고수의 반열에 오른 현자들의 가르침에서 아이디어를 얻는 게 제일 효과적이다. 오랜 기간 검증을 거치며 부(富)를 일군 사람들에겐 확실히 '수익을 낼 수밖에 없는 도구'가 있게 마련이다. 이를 철저히 지켜 주식 부자의 반열에 오른 것이다.

뉴스가 주가에 어떤 영향을 미칠까 하는 것을 연구하기보다는 오히려 지금 부정적인 뉴스가 많은지 긍정적인 뉴스가 많은지를 판단하는 정도로만 살펴보는 것이 더 도움이 된다. 신문의 경제면 기사 대부분이 부정적인 뉴스가 많다면 사람들이 그만큼 경제를 나쁘게 보고 있다는 뜻이다. 그에 따라 주가가 폭락할 가능성이 높다. 이때가 가장 투자 적기가 될 가능성이 높다.

② 주식도 진득하게 묵혀야 제 맛이 난다.

주식을 사고파는 매매빈도를 뜻하는 '매매회전율'이 낮은 펀드가 수익률이 높은 것으로 나타났다. 주식도 진득하게 묵혀야 제 맛이 난다. 잦은 매매는 수수료 등의 비용을 발생시켜 수익률을 갉아먹는다. 운용업계 관계자인 한 고객은 "코스피가 좁은 박스권 안에서 움직이면서 적극적인 펀드 운용전략이 중요해졌지만 전략과 시황이 맞지 않을 경우 오히려 거래 비용만 늘려 수익률을 갉아먹을 수 있다"며 "시황에 따라 주식을 사고파는 것보다 좋은 종목을 골라 보유하는 게 장기적으로 투자자에게 안정적인 수익을 가져다 줄 가능성이 높다"고 한다.

나는 최소 10년간은 적자를 보지 않은 회사에 투자한다. 좀 더 안정적으로 투자하고 싶으면 적자를 보지 않은 기간을 20년,

30년으로 늘리면 된다. 내가 수익성이나 성장성보다 안정성을 더 중요하게 꼽는 이유는 망하지 않는 회사에 투자하기 위해서다. 그래서 나는 그 업종에서 최소 30년, 보통 50년 이상 영업을 지속해온 회사에만 투자한다.

한 부자 고객은 투자 종목을 선정할 때 우선 외국인이 장기간 매집하는 회사에 관심을 갖는다고 한다. 외국인이 장기간 꾸준히 매집하는 데는 다 이유가 있다. 외국인이 꾸준히 매집하고 난 후에는 대부분 주가의 급상승이 이루어진다고 한다. 일찍 투자하고, 꾸준히 매집하라. 그러면 여러분이 서서히 부자가 될 가능성이 그만큼 더 높아진다.

일찍 투자를 시작한다면 평생 다른 이들이 투자하는 금액의 절반을 투자해도 2배의 돈을 모을 수 있다는 점을 기억하라. 전 세계 주식시장의 총 수익률을 보면 인내심이 강한 투자자들은 큰 이익을 얻었다.

③ 안전하면서도 수익도 나는 공모주

"주식도 펀드도 모두 해보았지만 손실로 끝나는 경우가 많았는데 공모주 투자는 손실이 없어 너무 좋네요. 안전하고, 은행 이자보다 2~3배나 높고, 절세효과까지 있어요. 노후 준비에 대한 두려움이 없어졌습니다. 평소 주변에서 공모주는 먹을 게 없다는 말을 많이 들었는데, 안정적이면서도 의외로 높은 수익률에 깜짝 놀랐어요."

VIP고객이면서 증권사에서도 베스트 VIP고객인 분의 말이다. 불확실한 대외변수로 주식투자가 부진하자 마땅한 투자처를 찾지 못한 개인 투자자들이 공모주로 몰리고 있다. 투자자금 여유가 아주 많다면 원하는 공모주를 골라서 투자가 가능하다. 공모주 직접청약은 펀드와 달리 별도로 수수료가 발생하지 않는다. 하지만 청약경쟁이 심해지면서 많은 자금을 넣어둬도 손에 쥐는 공모주는 별로 없다. 만약 1억 원의 노후자금이 있으면 9,000만 원은 안전자산인 공모주에 투자하고, 나머지 1,000만 원은 고위험 자산인 주식형 펀드에 투자하기를 권한다.

④ 인덱스 펀드, 돈을 모으지 못하는 당신을 위한 가장 심플한 재테크

본업이 있는 고객들 중에는 인덱스 펀드로 간접투자를 하는 경우가 많다. 본업을 통해 계속해서 현금을 저축하고, 저축한 돈을 투자를 위한 예비자금으로 생각한다면 주가가 떨어져도 크게 걱정을 하지 않는다.

그들은 투자는 부업이지만 본업처럼 평생 동행한다는 생각으로 추가 자금으로 인덱스 펀드에 계속 입금한다. 주가 지수에 영향력이 큰 종목들 위주로 펀드에 편입해 펀드 수익률이 주가 지수를 따라가도록 운용하는 상품인 인덱스 펀드와 안전성이 높은 채권 투자를 더 일찍 시작하고 더 오랫동안 하는 것이다. 적은 돈으로도 시장 전체에 투자할 수 있다. 자금이 충분하지 않다

면 펀드를 활용하는 게 좋다.

인덱스 펀드를 구매한다는 것은 수천 개의 상장기업이 포함된 상품을 사는 것과 같다. 시장을 이기려고 하지 말고 시장의 파도를 탈 줄 알아야 한다. 노벨경제학상 수상자인 폴 새뮤엘슨 교수도 "주식 포트폴리오를 분산하는 가장 효율적인 방법은 수수료가 적은 인덱스 펀드이다"라고 말했다.

⑤ 배당의 매력

주식 투자로 얻을 수 있는 수익에는 두 가지가 있다. 첫째는 기업에서 받는 '배당'이고 둘째는 주가의 상승폭에 해당되는 '시세차익'이다. 첫째에 해당하는 배당이란 기업의 실적과 밀접한 관계가 있다.

기업이 배당을 줄 수 있다는 것은 순이익이 많이 발생했고 현금 흐름에도 여유가 있다는 것을 의미한다. 현금 흐름에 자신이 없으면 순이익이 많이 났다고 해도 배당금에는 인색할 것이기 때문이다. 배당은 기업에 따라 줄 수도 있고 주지 않을 수도 있다. 또 1년에 한 번 줄 수도 있고 2번 줄 수도 있으며, 분기에 한 번씩 1년에 4번을 줄 수도 있다. 배당주에 관심을 갖는다는 것은 경기에 관계없이, 주가에 관계없이 장기투자를 하겠다는 뜻이며 기업과 함께 성장하겠다는 주식의 본질에 맞는 투자다. 배당주의 경우 시가배당률이 최소 은행 이자보다 높은 회사를 선택하면 좋다.

• **둘, 부동산에 투자할까?**

미국 대통령 도널드 트럼프는 이런 말을 했다. "나는 그것을 사랑할 수밖에 없다. 그것이 바로 부동산이다." 지금 같은 불황기에는 경제와 부동산을 따로 접근하면 안 된다. 경제를 알면 부동산이 보인다.

지난 2016년 12월, '부동산 임대업 나홀로 호황'이라는 기사를 보면, 최근 5년간 매출액 증가율이 연평균 1%대에 머문 것으로 나타났다. 그러나 주택경기 호황으로 부동산, 임대업 매출액은 큰 폭으로 증가했다. 이를 볼 때, 투자 목적으로서의 부동산이 아직 살아 있다는 것을 알 수가 있다.

① 금리 1% 시대, 여전히 부동산이 답일까?

소득은 그대로인데, 은행에 돈을 맡기자니 금리는 낮고, 주식 투자를 하자니 주가는 점점 떨어진다. 그렇다면 부동산에 투자하는 것이 답일까? 예전처럼 집을 사면 집값이 고속 상승할 거라고 단순하게 생각해서는 안 된다. 집값 변동률과 정부의 부동산 부양책이 어떤 기조로 흘러갈지 분석한 후, 탄탄한 이론적 기초를 바탕으로 내 집 마련의 적정 시기를 예측해야 한다.

향후 부동산시장에서 가장 위협적인 요소는 아파트 입주물량이다. 그러한 전망이 현실화된다면 2017년 부동산 투자를 준비하고 있다면 실수요자든 투자자든 보수적인 태도를 취하는 게 좋다. 보유한 자산 중에 보험, 주식, 부동산 순으로 타격을 입을 것이다.

이때 현명한 대처방법은 부동산 중에서 주거용 부동산 비중을 줄이고 '환금성 높은 연금형 부동산'으로 이동하는 것이다. 이미 부의 흐름에 민감한 부동산 부자들은 소형 아파트, 오피스텔, 상가투자뿐만 아니라 주택임대사업과 주차 빌딩 등 다양한 수익형 부동산 포트폴리오를 마련해두고 있다.

② 정부 정책 맞춤식 투자 전략(2018ver.)

2017년 실정에 맞게 정부정책에 대응한 맞춤식 투자전략이 절실히 요구되는 시점에 놓였다. 다주택자, 가수요자, 실수요자 세 경우에 알맞은 투자 전략을 알아보자.

☑ 다주택자

먼저 다주택자의 경우다. '8.2 부동산 대책' 이후 정부의 고강도 규제정책이 사실상 다주택자에게 이어지는 모양새다. 다주택자가 대응할 수 있는 전략은 크게 세 가지다.

첫째, 우선 처분한다. 다만 양도차익의 크기에 따라 처분시기를 정한다. 집값을 상승시킬 만한 특별한 호재가 없는 한, '8.2 부동산 대책'에서 2018년 4월 1일 이후 다주택자에 대한 중과를 예고한 만큼 양도차익이 큰 주택이라면 2018년 3월 31까지 양도를 진행하는 게 유리하다. 내년 4월 이후 조정대상지역에서 2주택 이상을 가지고 있는 경우에는 기본세율(6~40%)에 10~20%p를 더한 세금을 내야 하기 때문이다.

둘째, 자녀에게 증여해 주택수를 줄여나간다. 다만 증여를 할 때는 올해 안에 하는 게 유리하다. 3개월 이내에 자진신고하면 증여세의 7%를 감면해주기 때문이다.

셋째, 주택임대사업자로 등록한다. 임대사업자로 등록하게 되면 거주주택에 대해 양도세비과세 혜택을 받을 수 있고, 기준시가 6억 원, 전용면적 85㎡ 이하의 주택은 소득세와 법인세를 감면받을 수 있다. 또 60㎡ 이하라면 최초 분양 시 취득세도 감면된다. 만일 준공공임대사업자가 되면 보유한 주택 모두 양도세 전액감면혜택도 받을 수 있다.

☑ 가수요자

그 다음 가수요자의 경우다. 실수요가 아닌 투자를 목적으로 부동산을 매입하는 사람을 가수요자라고 한다. 가수요자의 경우 분양권 가수요자와 실물 가수요자로 나뉘는데 조정대상지역에서 분양권을 보유하고 있는 사람은 2018년 1월 1일 이후부터는 전매 시 보유기간과 관계없이 일괄적으로 50% 양도세율을 적용받기에 올해 말까지 처분하는 게 유리하다.

한편 실물 가수요자는 크게 '레버리지 투자자'와 '갭 투자자'로 나눌 수 있다. 투기과열지구와 투기지역의 경우 총부채상환

비율(DTI)과 주택담보인정비율(LTV)을 각 40%씩 적용받는다. 특히 이들 지역에서 이미 주택담보대출을 1건 이상 보유한 세대에 속한 자가 추가로 주택담보대출을 받을 경우 DTI와 LTV는 30%까지 하향 적용된다. 소나기는 우선 피하는 게 상책이듯 당분간 무리한 레버리지 투자는 지양하는 편이 좋다.

전세가율(매매가격 대비 전세금 비율)이 높은 주택을 전세를 끼고 매입한 뒤 시세차익을 노리는 갭 투자자 역시 일종의 가수요자다. '8.2 부동산 대책' 이후로 가격이 하향세를 보이고 거래량마저 끊기면서 갭 투자자들은 코너로 내몰렸다. 더욱이 내년 4월부터 조정대상지역에서 2주택 이상 다주택자가 주택을 처분하게 되면 양도세를 중과 받게 돼 갭 투자를 통한 양도차익은 더욱 어려워 보인다.

☑ 실수요자

새로운 정부의 부동산 정책은 지속적으로 실수요자에게 기회의 장을 제공할 것이다. 일례로 '8.2 부동산 대책'은 실수요자인 무주택자에게 상대적으로 많은 수혜를 제공해주고 있는데, 가입기간 2년이 경과된 청약통장(1순위 자격)을 소유한 무주택 수요자가 최대 수혜자다. 다만 청약 1순위 요건이 충족되지 않은 수요자라면 시장이 위축되면서 다주택자가 양도소득세 중과를 회피하기 위해 내놓은 급매물을 매입하는 전략도 좋을 것이다.

③ 왜 수익형 부동산에 투자해야 할까? 그리고 어떤 것을 고려해야 할까?

이 질문에 대한 답은 정해져 있다. 은퇴 준비를 위해서다. 나는 은퇴 준비는 부동산으로 해야 한다고 늘 강조한다. 한 고객은 은퇴 전 소득과 은퇴 후 소득을 같게 만드는 것이 은퇴 준비의 기본이라며, 이를 위해서는 금융자산이 아닌 실물자산인 부동산에서 은퇴 후 소득의 70%까지 나와야 한다고 한다. 월급만으로는 결코 부자가 될 수 없는 세상이다. 가장 좋은 재테크, 투자 수단인 동시에 재산 증식의 수단은 단연 부동산이다.

부동산 전문가들 역시 상업지역 내에서는 임대 사업이 성공 가능성이 높다고 한다. 단, 임대 대상이 어떤 계층인지 명확히 파악해야 한다고 조언한다. 대학가처럼 유동인구가 많다면 상가로 활용하는 것도 방법이다. 최근에는 작은 땅에 상가를 건축해 테이크아웃 커피숍, 미니 주차타워 등으로 활용하기도 한다.

수익형 부동산 투자에 있어 가장 중요한 것은 첫째도 입지, 둘째도 입지다. 그만큼 입지를 잘 선정하는 것은 부동산의 핵심이자 처음과 끝이라 해도 과언이 아니다. 부동산 입지는 한 번 정해지면 절대 변할 수 없으므로 굉장히 중요하다. 그렇다면 부동산 입지를 선정할 때는 어떠한 사항을 고려해야 할까?

우선, 교통이 편리해야 한다. 당장 교통이 편리한 지역이나 향후 교통이 크게 개선될 곳을 주목하자. 특히 지하철 노선은 부동산 투자에 있어서 가장 핵심이라 할 수 있다. 일반적으로 지하철 역세권 인근 부동산은 지하철 발표 시점, 착공 시점, 완공 시점 이렇게 세 시점이 지날 때마다 단계적으로 오르는 경향이 있다. 이런 타이밍을 잘 보고 투자하면 반드시 지가상승의 이익도 얻을 수 있다.

④ 부동산은 상대적 희소성을 갖는다

구매를 희망하는 사람들이 늘어날수록, 즉 상대적 희소성이 커질수록 교환하는 가치도 커진다. 부동산으로 돈을 벌 수 있는 이유이자, 사람들이 부동산을 대단히 매력적인 투자대상 중 하나라고 생각하는 이유다. 부동산은 분쟁이나 천재지변에 비교적 잘 견디는 투자 상품으로 인정받는다.

60세 이상 부자들은 역시 부동산을 선호하며, '보편적인 가치'가 있다고 인정받은 토지에 투자한다. 부동산 투자를 선호하는 부자들은 "건물은 타지만 토지는 절대로 타거나 없어지지 않는다"는 확고한 신념을 가지고 있다. 즉, 앞으로 일어날 가능성이 있는 부동산 개발 정책까지도 꼼꼼하게 고려한다. 토지를 포함해 '금'이나 '백금'도 보편적 가치와 희소성의 가치가 있다.

⑤ 인플레이션으로 화폐가치가 떨어져도 상쇄할 수 있는 부동산투자

인구가 감소하면 주택 소비도 줄 것이라는 예상이 많다. 하지만 주택은 인구가 소비하는 것이 아니라 가구가 소비한다. 현

재 우리나라의 1인 가구 분화 속도는 굉장히 높다. 외국인 가구 역시 최근 5년 사이 급증했다. 1인 가구가 전체 인구의 50%를 넘는 구조가 되면 한 사람이 주택을 한 채씩 소비하는 시대가 온다. 이런 변화에 발맞춰 주택에 대한 관점을 전환해야 한다.

현재는 역세권이 아니지만 역세권이 될 지역, 학교나 병원, 상가, 공원이 들어설 지역 등 사회적 인프라가 구축되면서 반사이익을 얻을 곳을 찾아내 남들보다 먼저 투자해야 한다. 공공의 자산이라 할 수 있는 사회적 인프라가 내 자산을 늘려준다. 부동산의 가치를 보는 안목이 있고 투자에 대한 자신감만 있다면 그 수혜를 고스란히 누릴 수 있다.

현재 금융 자산에서 나오는 소득 100만 원과 20년 후의 소득 100만 원을 비교해보자. 20년 후에도 100만 원은 그대로겠지만, 물가상승률을 감안하면 의미가 없다. 100세 시대에는 은퇴 후에도 30~40년을 더 사는데 연금 등 금융자산만으로는 십여 년 후에 같은 가치를 유지하기 힘들다. 반면 실물자산은 물가상승률을 따라 가격, 자본수익이 상승하고 임대소득도 올라간다.

인플레이션으로 화폐 가치가 떨어져도 이를 상쇄할 수 있는 투자대상은 부동산이다. 사람이 금이나 주식은 없어도 얼마든지 살 수 있지만, 집 없이 사는 사람은 없다. 그래서 나는 부동산에만 투자한다. 그리고 이것이 '전세 헤지'라고 한다.

⑥ 충동적으로 매스컴이나 남의 말에 의존하지 말아야 한다

내 주변 고객 중에도 귀가 얇아 업자들의 말에 쉽게 넘어가는 사람들이 의외로 많다. 한 고객은 평소에 잘 아는 중개업자에게 어느 날 이런 말을 들었다고 한다.

"화성에 토지를 쪼개어 파는데, 그곳이 몇달 후에 온천지구로 공시되면 가격이 세 배 이상 오른다. 평당 50만 원 수준인 농지가 온천지구가 되면 관광단지로 개발돼 최소한 160만 원 이상은 된다."

고객은 계약금으로 써야 한다며 만기정기예금을 재예치하지 않고 MMDA에 입금했다. 나는 주변의 시세추이와 향후 도시계획 사항을 구체적으로 알아본 후에 판단하라고 일러드리며 부동산 업계에서 일을 하는 지인들을 통해 알아보겠다고 했다. 소위 '토지 작업'을 해본 업자들이 본인들이 투기를 부추길 수 있기 때문이다. 또한 도시계획 사항이 일반 업자들에게 흘러 들어갔다면 그것은 초기 계획이거나 언론에 발표된 정도여서 실제로 개발이 될 때까지는 상당한 시간이 걸린다. 땅을 잘못 샀다가는 수년간은 농지로 묶여 있을 수 있다. 나는 그에게 "이런 경우 대출을 받아 투자하는 일은 매우 위험하니 가급적 투자를 자제하는 것이 좋겠다"고 말했다.

며칠 후 그에게 다시 연락이 왔다. 투자를 미적댔더니 업자들이 "계약할 다른 사람들이 많다"며 오히려 가계약금을 돌려주고 없던 일로 하자 했다는 것이다. 나는 "차라리 잘되었다. 없던

일로 하라"고 말했다. 하지만 고객은 업자들의 말을 듣고 투자하기에 충분하다는 것으로 판단해 결국 토지를 사버렸다. 업자들의 전략에 넘어간 것이다.

결과는 어떻게 되었을까? 중개업자가 호언장담했던 '온천과 관광지' 소리는 사라지고 현재 그 토지 위엔 을씨년스러운 바람만 윙윙거리고 있다고 한다.

빚부터 갚을까?
빚 내서 투자할까?

• • •

부동산 담보대출을 받고 있는 많은 가계에서 고민하는 부분 중에 하나가 바로 대출상환과 투자의 선택이다. 대출을 갚자니 노후준비나 자녀들에 대한 교육자금과 결혼자금 등 미래에 대한 준비를 전혀 할 수가 없고 이러한 준비를 먼저 하자니 가뜩이나 저금리 시대에 은행이나 저축은행의 이자보다 높은 대출이자를 매월 내자니 재테크나 투자의 의미가 없는 것 같다.

빚을 내서 투자해야 하나, 빚부터 갚아야 하나. 고민스러울 수밖에 없다.

투자와 저축이 재테크라면 대출의 활용이나 납입도 멋진 또 하나의 재테크나 재무설계라는 생각을 잊지 말도록 하자. 그렇다면 대출이나 빚을 어떻게 줄이면 좋을까? 아래의 다섯 가지 질

문에 대해서 고민하다 보면 그 답이 나올 것이다

① 앞으로 남은 인생을 어떻게 살고 싶은가?

학자금 대출부터 시작된 빚의 시작이 결혼 자금 마련을 위한 마이너스 통장, 전세나 내 집 마련을 위한 전세자금대출이나 주택담보대출로 이어져, 평생 매월 50~90만 원 이상의 대출 이자를 내면서 평생 살아가고 싶은가? 위 첫 번째 질문에 대한 해답은 명확하지 않은가?

② 현재 빚을 지고 있는 이유가 무엇인가?

정말 필요한 대출을 받았는지 갚을 수 있는데 미루고 있지는 않은지? 혹은 다른 지출이나 자산의 운용을 줄여서라도 빚을 청산할 만큼 적극적이었는지 스스로에게 물어보자.

③ 자신의 빚이 얼마인지 정확하게 알고는 있는가?

상담을 하다 보면 대출에 대해서 재무적인 상황을 파악할 때 본인의 대출 총 금액과 매월 납부하는 이자 금액을 정확하게 알고 있는 경우를 거의 본 적이 없다.

변동 금리 대출이 많은 것도 이유이겠지만 빚 청산을 하려면 금리가 높은 순서대로 자신이나 우리 가정의 전체 대출 금액과 건수를 고금리 순서대로 줄줄이 머릿속에 담아놓고 있어야 하지 않을까?

④ 현재 소득에서 몇 %를 기존 부채에 대한 이자와 원금 상환으로 지출하는가?

이는 종합 재무적인 관점에서 바라본 것이다. 전체 자산규모 대비해서 대출금액의 비율과 전체 수입 대비해서 대출 이자와 원금상환으로 지출되는 금액의 비율을 명확하게 파악하고 있어야 한다. 그래야 소비나 향후 지출 계획이 세워지고 합리적인 소비생활을 할 수 있다.

⑤ 빚을 청산하지 못한다면 일어날 수 있는 최악의 사태는 무엇인가?

대부분 '신용불량'이나 '개인파산'이 자신과 전혀 상관없는 일이라 생각한다. 신용불량의 조건이나 개인파산의 자격 여부 등을 미리 알아두는 것이 필요하다. 향후 자산의 운용과 대출과 빚의 활용에 있어서 반드시 감안해야 할 사항이다.

부정적인 이야기로 독자들을 우울하게 만들 생각은 추호도 없다. 다만 투자와 저축이 재테크라면 대출의 활용이나 납입도 멋진 또 하나의 재테크나 재무설계라는 생각을 잊지 말자.

• 하나, 빚내서 투자하는 당신에게 필요한 '대출 재테크'

부동산 경기가 안 좋아질 것이라는 예상이 많아도 강남의 역세권 허름한 곳을 집중적으로 투자하는 임대사업자 한 분이 있다. 압구정동 지점에서 은행 대출로 손가락에 꼽히는 고객이다. 그 분은 수익률이 6% 이상이면 좋은 부동산이라고 정의한다.

"부자가 되고 싶으면 부동산에 투자해라. 빚(대출)내는 걸 겁내지 마라! 나의 대출 원칙은 분명하다. 투자처의 수익률과 만일의 경우 내가 안을 수 있는 리스크까지 계산해서 감당할 수 있는 한도 내에서 대출을 받는 것이다"라며 힘주어 말하는 임대사업자들이 강남 VIP라운지 고객의 대부분이다.

부동산은 역발상이라 했다. 금리가 올라간다 해도 2~3년 후 인플레이션으로 부동산값이 크게 뛸 것이니 대출을 받아서라도 부동산을 사두자. 그리고 여유 자금을 준비하고 있다가 매력 있는 부동산이 생기면 잡아라. 여유 자금을 모을 때까지는 부동산에 대한 안목을 키우기 위해 공부를 하며 기다리자. 불확실 시대에는 부동산을 살 때를 대비한 대출 재테크도 미리 공부를 해두어야 한다.

① 금리가 오르기 전에 주택담보대출 금리점검이 필요하다

가장 먼저 따져봐야 할 것은 대출 조건이다.

먼저, 변동금리 대출은 우선 가산금리를 살펴봐야 한다. 이미 고정금리가 많이 올랐다. 주택담보대출을 다수 은행이 변동금리에서 고정금리로 바꿀 때 수수료를 면제해주는 데도 많다.

다음, 금리조정주기를 따져본다. 변동금리 대출자라면 대출금리가 언제 변하는지 주기를 확인해야 한다. 변동금리기준이

되는 코픽스는 매달 바뀌지만 대출자가 내야 하는 이자는 통상 6개월이나 1년 주기로 바뀐다.

장기신규대출자는 '고정', 짧으면 '변동'이 유리하다. 새로 대출을 받아 5년 이상 쓰려면 고정금리가 낫다는 게 전문가들의 의견이다. 앞으로 1~2년간은 금리가 오를 가능성이 높기 때문이다. 하지만 1~2년 내에 대출을 갚을 계획이라면 변동금리를 고르는 게 유리하다.

대출은 앞으로 더 깐깐해질 것이다. 올해부터 개인의 대출현황을 반영한 총부채원리금상환비율(DSR)이 금융권대출심사에 활용된다. DSR은 돈을 빌리는 사람의 소득대비 원리금 상환액의 비율을 가리키는데, 일부 은행은 DSR이 70~80%를 넘으면 대출을 제한하는 방안을 검토 중이다.

선불리 판단하지 말고 당분간 국내 금리 인상속도를 지켜봐야 한다. 가계부채가 많고 경제 활력이 떨어졌다 하더라도 금리 인상 속도가 미국처럼 빠르지 않을 수 있고 서민용 정책 대출이 늘어날 예정이다.

수많은 대출 상품들을 한눈에 살펴보고 싶다면 금융감독원이 제공하는 금융상품 통합비교공시사이트(finlife.fss.or.kr)를 활용해보자. 은행과 보험사, 저축은행 등 다양한 금융기관의 주택담보대출과 전세자금대출, 개인신용대출의 최고 금리와 최저 금리는 물론 평균금리까지 조건별로 비교할 수 있기 때문에 매우 유용하다.

② 은행대출 '영업기밀' 가산금리 천차만별 산정

대출 금리는 기준금리와 가산금리로 구성되며 우대금리를 조정해 최종 결정된다. 대출기준금리는 은행이 금융시장에서 자금을 조달하는 데 드는 비용으로 코픽스(COFIX, 자금조달비용지수)나 금융채에 연동한다. 가산금리는 대출자가 빚을 갚지 못할 가능성에 대비해 받는 금리로 은행이 자율적으로 정한다. 주로 대출 취급에 드는 각종비용 및 세금, 차주별 신용위험, 은행 목표이익을 반영하는 것으로 알려져 있지만 구체적인 산정방법은 '영업기밀'이라며 철저히 극비에 부친다. 최근에도 은행들이 예대마진 하락에 대비하기 위해 가산금리를 조정한다는 말이 들린다.

목표이익률은 은행의 마케팅 전략이나 노하우를 반영하는 것으로, 이익을 많이 내고 싶다고 자의로 올릴 수는 없다. 금융당국은 주택담보대출 금리가 갑자기 너무 오르니 이를 낮추려는 것이고, 은행은 실세금리가 뛰고 있는데 인위로 금리를 낮출 수 있냐고 항변한다.

대출을 받으려 할 때는 정부 지원 대출 외에 반드시 시중 은행 대출 상품도 살펴보자. 우대 고객이거나 급여 통장이 있는 경우, 또는 일정 거래 실적을 충족할 경우에는 정부 지원 대출보다 대출 금리가 낮을 수 있고, 대출 한도는 은행이 더 유리할 수도 있다.

③ 부자들은 투자를 위한 레버리지를 두려워하지 않는다.

부자들은 레버리지를 두려워하지 않는다. 미래의 자금 계획이 확실히 세워졌다면, 당장은 좀 부담이 되더라도 대출을 받아 투자에 나선다. 그들은 저축으로 돈을 모으는 속도는 느리지만, 대출금을 상환하는 속도는 빠르다는 것을 알고 있다. 부자들은 설령 투자할 돈을 전부 가지고 있다 하더라도 일부 금액은 대출을 받아 투자수익을 더 극대화할 줄 안다. 대출금을 갚기 위해 저축하는 것보다는 여유 자금이 생길 때마다 조금씩 갚아나가는 것이 더 효율적이기 때문이다.

레버리지란 말 그대로 지렛대라는 뜻이며, 타인 자본을 지렛대로 삼아 자기자본의 이익률을 높이는 것을 말한다. 요즘 같은 저금리 시대에는 타인의 자본을 적극적으로 활용해 투자를 하는 것이 유리하다. 가난한 사람은 저축을 좋아하고 부자는 대출을 좋아한다고 한다. 성공적인 투자자가 되려면 대출이 위험하다는 고정관념을 과감히 버려야 한다. 감당할 수 있는 수준의 대출은 위험이 아니라 저금리 시대의 축복이다.

보유한 부동산의 수익률을 수시로 계산하고, 이에 따라 매도 시점을 판단한다. 수익률을 계산하는 데에는 대출 부분이 반드시 포함된다. 따라서 대출에 대해 정확히 이해하고 있어야 매도 시점을 제대로 잡을 수 있다.

대출을 잘 이용하는 것은 훌륭한 능력이다. 이 능력이 있어야 돈이 없어도 투자를 할 수 있다. 서민들도 비교적 소액으로 투자를 할 수 있는 것은 바로 대출이 있기 때문이다. 그런데도 많은 사람이 대출을 두려워한다. 정작 두려워해야 할 것은 대출이 전혀 없는 것이다. 알다시피 대기업, 중소기업, 공기업, 정부, 심지어 은행마저 자기자본 비율이 매우 낮다. 자본가들은 빚을 잘 이용한다. 자본주의 시스템 자체가 대출로 돌아가고 있다는 것을 인지해야 한다. 내가 은행에 1억 원을 예금하면, 은행은 그 돈을 기업이나 다른 사람에게 빌려주고 나에게 주는 예금이자보다 많은 대출이자를 받는다. 대출을 받은 기업은 투자를 해서 이 사회에 돈이 돌게 한다. 대출은 돈을 만들어낸다. 이를 이해한다면 대출이 더는 두렵지 않을 것이다.

• 둘, 빚부터 갚으려는 당신에게 필요한 '빚 관리법'

최근에는 금리가 지속적으로 하락하자 너도나도 돈을 빌려 투자에 나서고 있다. 금리가 싸졌기 때문에 지금이라도 빚을 지고 투자에 나서야 한다고도 하지만 무턱대고 돈을 빌려 투자에 나섰다가는 큰 낭패를 볼 수 있다.

투자를 해서 성공할 수 있다면 빚을 갚는 건 나중으로 하는 게 좋고 안전한 걸 택한다면 빚을 갚고 무게 없이 지내는 것이 더 좋다. 투자할 대상이 수익이 있다면 투자해야 하고 가치가 없으면 빚을 갚아야 한다. 투자는 수익이 확실할 때 해야 한다.

우리나라의 많은 청년이 젊은 나이에 이미 연체자와 신용불량자의 위험에 노출되어 있다. 최근 한국자산관리공사가 학자금

대출 연체자 5만 9천 명에 대해 채무조정을 지원하고 있다고 하는데 국민행복기금 채무조정의 대상이 되는 한국장학재단 학자금대출 연체자는 최장 10년간 장기분할상환이 가능하다고 한다. 학자금대출에 대한 부담이나 대출에 대한 인식이 고금리 제2금융권이나 사금융으로까지 퍼져서 그 심각성이 커지고 있다 하니 이런 경우는 무조건 빚부터 먼저 갚아야 한다.

남의 돈은 그 존재만으로도 리스크다. 내 집 마련하느라 빌린 은행대출이나 마이너스통장, 부모님으로부터 빌린 돈, 지인에게 급하게 빌린 돈, 기한을 정하지는 않았어도 언젠가는 되돌려줘야 할 빚 등등은 모두 여유가 되는 대로 갚아나가야 할 남의 돈이다. 대출금리보다 높은 금리를 주는 적금 상품이 있을 수 있는가?

40대 중반의 A는 유통 회사에서 십여 년 동안 재무와 회계관리를 해오다 회사 사정이 어려워져 퇴직했다. 다른 일자리를 찾지 못해 고민만 깊어가던 A에게는 2억 5,000만 원 대출을 끼고 분양받은 김포 신도시 아파트와 아내의 빚 3,000만 원, 1억 원 정도의 퇴직금, 현재 사는 2억 원짜리 전세 아파트가 전부였다. 아내의 빚 3,000만 원은 물론 분양가 아래로 떨어져버린 아파트가 애물단지였다. 현재 상황에서 A는 어떤 선택을 해도 손해일 수밖에 없었다. 어떻게든 손해를 안 보려고 한다면 근본적으로 문제를 해결할 수 없는 상황이었다. 아파트를 지금 시점에 팔면 무조건 손해고 미래는 불확실했다. 그 아파트를 계속 소유하고자

한다면 매년 1,200만 원을 지불하면서 오르기를 기다려야 한다. 더구나 김포 아파트는 가족이 들어가서 살 집이 아니었다. 결론은 의외로 쉽다. 빚 3,000만 원은 당장 퇴직금에서 갚기로 했다. 아파트도 가격을 좀 더 내려서 처분해 버리기로 결정했다.

① 하우스 푸어여, 빚을 다이어트하라!

'내 집 마련 세미나'에 참석한 적이 있다. 세미나에서는 강사는 통하우스 푸어 탈출법 세 가지를 제시했다. 첫 번째는 원금상환을 포함한 대출상환계획을 세워서 바로 실천에 옮기는 방법이고, 두 번째는 소득을 올려서 대출을 빨리 갚는 방법, 그리고 세 번째는 내 집을 팔고 전세로 살면서 빚 없이 내 집을 장만하는 방법이다.

강사의 메시지는 명확했다. "빚을 줄이고, 수입이 있는 동안에 우선순위대로 상환하라!"

현재 주택담보대출을 받을 때 원금일시상환을 선택하여 이자만 갚고 있는 사람이 과반수이다. 이는 나중에 큰 문제를 초래할 수가 있다. 원금일시상환으로 대출이자만 갚다 보면 원금은 그대로 남아 있는데 이자 값이 원금 값을 초월하는 상황이 벌어질 수도 있기 때문이다. 강사는 "은퇴하기 전까지 모든 대출을 갚아버리는 것을 1차 목표로 해야 한다"고 강조한다. 나중에 주택금융공사에서 하는 주택연금을 활용하려면 대출이 없어야 한다.

또한 은퇴한 후에 빚을 갚기란 더욱 어려우며, 자칫 잘못하면 죽을 때까지 하우스 푸어의 늪에 빠져있게 된다. 무엇보다 내 집을 기존의 투자 관념에서 주거 관념으로 전환하여 생각해야 한다. 내 집은 더 이상 투자처가 될 수 없기 때문이다. 오히려 내 집은 가족을 위한 행복한 안식처로 생각하고 적당한 수준에서 장만해야 한다. 하우스 푸어에서 탈출하고 싶다면 전세로 사는 것도 대안이다. 내 집이 아닌 곳에서 사는 불편만 감당한다면 시간은 걸리지만 빚을 지지 않고 내 집을 장만할 수 있기 때문이다.

이미 우리나라에는 하우스 푸어가 무려 550만 명이 넘는다고 한다. 집을 가지고 있지만 집을 사기 위해 대출을 받은 사람들이 소득의 30% 이상을 원리금 상환과 이자를 내는 데 지불하며 산다. 주변에 집을 사면서 받은 대출 때문에 힘들어하는 사람들만 보아도 하우스 푸어가 얼마나 많은지 짐작이 갈 것이다. 이들은 집값이 올라서 상황이 호전되기를 바라고 있지만, 갈수록 힘든 생활을 할 수밖에 없을 것이다.

② 빚 잘 관리하는 법

저금리 시대, 장기 불황을 눈앞에 둔 지금 우리에게 가장 필요한 생존 전략은 '빚을 관리하는 기술'이다. 신용대출은 시중 은행이 가장 유리하다. 급전은 '예금담보대출 → 마이너스 통장 → 현금서비스' 순서로 받아야 한다.

기존에는 금융기관들이 기존부채의 이자상환액만 알 수 있었지만 DSR 적용으로 원리금상환액 전부를 파악할 수 있다. 금융사 대출심사가 더 깐깐해지기 때문에 빚을 잘 관리해야 한다. 다음은 조선일보 경제부에서 펴낸《2016 대한민국 재테크 트렌드》에서 말하는 빚 줄이는 법이다.

***빚을 줄이는 빚 관리법**

- ☑ 우리집 가계 재무상태표를 작성해서 관리한다.
- ☑ 부채관리를 위한 현금흐름표를 작성한다.
- ☑ 만기가 짧은 부채부터 상환 계획을 작성한다.
- ☑ 부채별로 금리를 파악하고 상환 순서를 정한다.
- ☑ 상황에 맞는 대출 상품을 비교해 유리한 것으로 갈아탄다.
- ☑ 빚부터 갚되 상환 여력을 유지하기 위해 저축을 한다.
- ☑ 이자가 가처분소득의 30%를 넘지 않도록 한다.

우리는 빚을 다룰 때 비합리적인 행동을 할 때가 많다. 빚을 다룰 때 고도화된 마케팅 기법에 쉽게 넘어가지 말자. 이를 위해 자신만의 '빚테크 시스템'을 만들어두는 것이 좋다.

빚테크란 우리 주변에 숨어 있는 빚의 정체를 파악하고, 자신이 감당할 수 있는 수준으로 빚을 적절히 통제해나가는 것을 말한다. 빚테크의 목표는 단기간에 빚을 갚는 데에서 그치지 않고, 자신의 재무구조와 소비습관을 원점에서 재검토한 후, 빚을 지지 않고 살 수 있는 자동 시스템을 구축하는 것이다.

③ 부채는 줄이는 똑똑한 금융소비자가 되어야 한다

직장생활 15년차인 B씨는 지난 3월 3,000만 원짜리 마이너스 통장의 만기를 연장하려다 연 7%이던 대출금리가 9.54%로 높아졌다는 말에 깜짝 놀랐다. 은행에서는 시장 상황이 변했고 애당초 통장 계약을 체결할 때 '캠페인'으로 유치한 탓에 금리를 싸게 매긴 것이라고 했지만 지금까지 연체 한 번 없이 은행에 이자를 납부해온 B씨는 돈은 돈대로 내고 이자는 더 올라갔다는 사실에 씁쓸함을 지울 수 없었다.

은행들은 최초 거래고객에게는 예금금리를 더 얹어주고 대출금리도 깎아준다. 하지만 꼬박꼬박 이자를 내거나 금융거래를 해온 기존 거래 고객에게는 혜택을 주지 않는다. 물론 거래기간이 오래되고 금액이 많아질수록 수수료 감면과 이자 혜택을 준다. 하지만 은행에서도 기존 거래고객들로부터 얻어낼 수 있는 것은 최대한 얻어낸다. 은행은 이런 방식으로 자신들에게 충성을 다하는 고객을 정교하게 배신한다. 이 같은 은행의 '고무줄 금리' 수법에 당하는 대상은 주로 서민들이다.

주택자금대출을 받은 또 다른 고객은 이런 말을 했다. "지금까지는 원금은 그대로 둔 채 이자만 납부하는 원금일시상환을 신청했습니다. 이런 식으로 20년을 이어간다면 이자만 무려 1억 5,000만 원을 내는데, 원금은 그대로 남아 있습니다. 국내의 주택담보대출을 받은 사람 10명 중 8명이 이런 원금일시상환을 선택했습니다. 원금까지 상환하기에는 무리라 생각이 드니 일단

이자부터 내다가 나중에 어떻게 해보겠다는 생각을 갖고 있지만 시간이 흘러 뒤돌아보면 그동안 낸 엄청난 이자에 놀랄 수밖에 없습니다. 결국 열심히 일해서 은행만 좋은 일 시킨 셈입니다."

대출은 커다란 리스크를 떠안는 경제활동이지만 안타깝게도 관련 지식을 갖춘 사람들은 많지 않다. 대부분 위험에 무감각한 채 아무 생각 없이 대출을 이용하고 있다. 그렇다 보니 은행과 금융기관의 교묘한 속임수에 넘어가 땀 흘려 번 돈이 새나가는지도 모른 채 금융기관의 배만 불려주고 있다.

어쩔 수 없이 대출을 받아야 한다면 다양하고 복잡한 대출 상품 중에서 자신에게 유리한 대출 방법을 선택해야 한다. 내 집 마련이나 전월세 자금을 받을 때는 금리 변동에 따른 대출 금리 선택하는 전략을 짜야 한다. 그리고 정부에서 지원하는 저금리 대출을 활용하는 등 모든 것을 기회로 이용하며 자산은 늘리고 부채는 줄이는 똑똑한 금융소비자가 되어야 한다.

④ 빚 때문에 중산층의 삶이 갈수록 팍팍해지고 있다

퇴직을 앞둔 50+ 베이비부머 세대 중년 부부가 함께 대출관리 상담을 요청하는 경우가 많다. 퇴직금을 모두 주택자금 대출을 갚는 데 써야 할지 아니면 퇴직금으로 다른 곳에 투자해야 할지 고민이란다. 일단 가지고 있는 빚 먼저 전부가 아니더라도 일부라도 줄이면서 가계의 현금흐름의 건전성을 도모해야 한다.

과도한 채무에 시달리면서도 자신이 갚아야 할 빚과 금리는 얼마인지, 대출 만기는 언제인지 모르는 경우가 꽤 많다.

빚을 정리하겠다고 마음먹었다면 빚의 금액보다 빚의 구조를 파악해야 한다. 그러기 위해서는 자신의 모든 빚을 대출 리스트를 만들어서 대출 만기를 일목요연하게 표로 만드는 것이 중요하다. 주거 목적으로 집을 사려는 사람이라면, 집을 살 때 주거비 총액을 계산하는 법, 집값의 라이프 사이클이나 지역의 인구 이동을 고려하여 집 고르는 노하우 등을 살펴보는 것이 도움이 될 것이다.

⑤ '주머니 새는 투자', 대출구조조정이 필요하다.

똑똑한 투자자들이 계속해서 '돈 버는 투자'를 하는 동안, 한편에선 계속 손해를 감내하며 내 집 장만에 열을 올리고 '주머니가 새는 투자'를 하고 있다. 강남3구라는 곳에서 아파트를 매입하며 재미를 보고자 했던 고객은 2~3번의 갈아타기를 시도하며 시세차익을 노렸다. 매도 시점에 돈을 벌었다고 좋아했지만 막상 그간 납입해온 대출이자와 세금 등을 제하고 나니 손해라는 사실을 알고 한탄했던 기억이 난다.

대출을 끼고 집을 마련한 고객들은 내 집에 살면서 이자를 내는 것을 적금이라고 생각한다. 그러나 만약 이자를 납부하지 못하게 되면 그 집은 더 이상 당신의 것이 아다. 이런 악순환은 결국 당신이 다른 투자에 신경 쓰지 못하게 하고 소유권 유지에만 전전긍긍하게 만든다. 내 집이 아니라 은행의 집인 셈이다 대출에 대한 구조조정에 나서야 할 시점이다. 한국은행이 앞으로 계속 기준금리를 추가로 올릴 가능성이 큰데다, 금융당국은 가계부채 억제 및 고정금리, 비거치식 분할상환 대출을 늘리기 위한 대책을 내놓았다. 일단 은행에 이자만 내는 거치기간 연장을 해주지 않을 가능성이 크다. 정부대책에는 원금과 이자를 함께 갚아나가면 소득공제를 많이 해준다고 하지만 당장 원금상환에 나설 만큼 여유 있는 가정은 많지 않다.

전문가들은 “대출을 줄이려는 정부대책과 금리 인상에 대비해 예금-대출전략을 세우는 것이 향후 재테크 성패를 가를 것”이라며 “주식처럼 수익률이 높은 투자를 어떻게 할지보다 기본적인 재무상황을 들여다보는 게 한층 중요한 시점”이라고 말한다.

틈새상품, 틈새시장 공략하기

외환위기 때, 나는 삼성역 지점 VIP팀장이었다. 그때 나는 전직 증권회사 부사장을 지냈고, 뉴질랜드에 자녀를 유학 보내 거의 뉴질랜드에서 생활하고 있던 고객 A를 만났다. 그는 외화 정기예금을 들고 있었는데, 달러가 오르면서 돈을 벌었다. 정기 예금이자도 수령했다. 그러면서 해외 주식형 재간접펀드에 저점 때 들어가서 고점에 환매하는 리스크를 잘 이용해서 더 부자가 됐다.

• 부자들은 환율을 이용한다

4대 시중은행에 예치된 달러화예금이 도널드 트럼프 대통령 당선 이후 일주일 만에 1조 원가량 줄었다. "원달러 환율이 지속적으로 상승하자 달러화 예금을 보유한 기업과 개인고객이 차익을 서둘러 실현하고 환율이 올랐을 때 팔자"라는 분석에서 비롯된 결과다. 달러예금은 달러화로 표시되는 외화예금이다. 원화를 달러로 바꿔 예치하면 환전수수료부담이 있고 금리가 연 1% 내외로 높지 않지만 환차익에 대한 세금이 없어 단기간에 높은 수익률을 기대할 수 있다.

부자들은 자녀가 해외 유학 중인 경우가 많다. 학비와 생활비가 많이 필요하기에 환율변동이 클 때 연락이 많이 온다. 그렇기 때문에 환율에 대한 관심이 높을 수밖에 없다. 부자들은 환율 상승과 하락을 적절하게 이용해서 환율이 급락할 때는 매수요청 전화가 쇄도하고 분할매수 전략을 취한다. 반면 환율이 급등했다고 생각하면 외화를 조금씩 팔아서 현금으로 준비한다. 환차익에 대해서는 과세가 없기 때문에 평상시 환율에 대해 주시하면서 외화통장과 현찰 비과세 외화연금보험 등을 적절하게 활용하며 불황기에 더 부자가 되려고 발품을 파는 것이다.

부자들이 많이 하는 연금보험 상품은 환율이 급격히 하락할 때는 원화를 회화로 환전하여 보험에 가입하고 비과세혜택을 받다가 10년 만기 시점에 외화를 일시금으로 받거나 매달 연금으로 받을 수 있다. 아님 중간에라도 환율이 가입 당시보다 갑작스런 변수로 급격하게 오르면 중간에 해약하더라도 비과세 혜택만 못 받고 환차익은 얻을 수 있다. 이처럼 변동성이 큰 유가, 금, 환율 같은 자산은 철저하게 투자의 상한선을 정해놓고 투자하면서 활용방법을 찾아보는 것도 불황기에 더 부자가 되기 위한 재테크 방법이다. 중요한 것은 금융에 종사하는 직원을 잘 활용하며 매일 환율 변동을 확인하는 것이다.

① 환율이 중요한 경우들

재테크에 있어서 환율이 중요한 경우는 해외 펀드에 투자할 때와 주식에 투자할 때이다. 해외 펀드에 투자해 수익률을 10% 올렸다고 해도 원화가 10% 절상됐다면 다시 원점 상태이다. 해외펀드에 가입했다면 사전에 선물환 계약을 통해 환차손을 줄일 수 있다. 달러 기준으로 높은 수익률을 내더라도 환율이 떨어지면 원화 환전에 따라 손해가 불가피하다. 가령 해외펀드에 1만 달러를 투자할 때 900원에 선물환 계약을 체결하면 1년 후 환율이 800원대로 급락해도 달러당 900원을 돌려받는다. 이처럼 선물환 계약으로 환헤지를 해두면 환율 하락에 상관없이 투자원금은 지킬 수 있다.

또 주식에 투자할 때는 주식시장에서도 환율의 변화는 큰 변동 요인이 되는데, 일반적으로 환율이 떨어지면 주가는 올라가고 환율이 올라가면 주가는 내려가는 경향이 있다. 환율이 떨어진다는 것은 원화 강세를 의미한다. 즉, 원/달러 환율이 1,000원에서 900원으로 떨어지면 그만큼 원화의 가치가 올라갔다는 것을 의미한다. 이렇게 원화가 강세를 보일 수 있는 이유는 수출이 잘돼 무역수지가 좋아지거나 외국인투자자금이 들어온 경우다.

외화로 보험료를 내고 외화로 보험금을 받는 외화보험도 눈여겨둘 만하다. 금리도 높은 편이고 10년 이상 유지하면 비과세 혜택까지 주어진다.

② 앞으로는 어떤 통화가 주목받을 것인가?

세계 통화 가운데 가장 큰 위력을 발휘하는 것은 달러다. 그렇다면 앞으로는 어떤 통화가 가장 주목받을까? 바로 중국 통화인 위안화다. 이런 위안화로 재테크할 수 있다는 사실을 아는 사람은 많지 않다. 중국의 위안화는 보유하는 것만으로도 투자수익이 창출될 수 있다. 위안화가 그만큼 절상되어 달러화 대비 가치가 급상승했기 때문이다. 중국에 주식이나 부동산을 보유했다면 위안화 절상은 자산가치 상승과 더불어 주식, 부동산 가격 상승과 맞물려 이중효과를 볼 수 있다.

• 공모주 투자: 은행 이자 3배, 오피스텔 임대수익 2배, 절세효과까지

부자 고객 중에 20년간 거북이처럼 공모주에 투자하면서 단 한 해도 손실을 보지 않고 안정적인 수익을 올린 분이 있다. 글로벌 금융위기가 일어난 2008년에도 손실을 보지 않았으며, 오히려 평소 공모주 투자로 확보한 유동자금으로 자산을 늘리는 좋은 기회로 만들었다.

최근 3년간 원금손실의 위험 없이 연평균 7% 수익을 꾸준히 올렸으며 이는 은행 이자의 3배, 오피스텔 임대수익 2배에 달하는 수익이다. 또한 공모주 투자수익에는 세금이 없어 절세효과가 뛰어나며, 특히 금융소득 종합과세자에게는 오아시스와 같은 투자처이다.

공모주는 할인해서 발행되므로 원금손실의 위험이 거의 없고, 아주 쉽기 때문에 한두 번만 해보면 따라서 할 수 있다. 수천에서 수억 원을 저금리의 정기예금에 묻어둔 사람들은 핵심만 파악하면 훨씬 많은 수익을 얻을 수 있을 것이다. 어려운 건 없다. 투자 가능한 여유자금을 베이스캠프인 CMA 통장에 넣어두고 인터넷으로 청약하면 된다.

• **기타 틈새시장**

① 제2금융권 예금

최저금리 시대가 눈앞에 펼쳐지고 있다. 예금 금리에 비해 대출 금리 하락은 다소 더딘 형국이지만 한국은행 기준금리와 양도성예금증서(CD)금리가 사상 최저치를 기록하고 있는 만큼 당분간 더 떨어질 수 있다. 재테크 전문가들은 주식이나 펀드보다 안전하면서도 시중은행과 저축은행의 예·적금보다 수익성이 양호한 상호금융기관(신협, 새마을금고, 농수협 단위조합) 비과세 예금을 눈여겨볼 필요가 있다고 조언한다.

② 금리인상기 '역발상 채권 투자'가 뜬다

미국연방준비제도가 기준금리를 세 차례 인상할 것이라고 한다. 금리상승기에는 채권 가격이 떨어져 투자 매력도가 하락하지만 오히려 수익을 낼 수 있는 '역발상채권' 상품이 투자자들의 눈길을 끈다.

요즘 금융권에 PB들은 금리상승기 3대 투자유망상품으로 '뱅크론 펀드, 인버스채권 EFT, 물가연동채 펀드'를 꼽는다. 뱅크론은 신용등급이 낮은 투자등급미만에 속하는 기업들이 필요한 자금을 조달하려고 금융사를 대상으로 발행한 변동금리부 선순위 담보대출 채권을 말한다. 채권인버스 EFT는 금리 상승으로 채권 값이 떨어질 때 이익을 얻는 역방향(인버스)구조로 설계된 상품이다. 물가연동채펀드는 자산의 대부분을 물가연동국채에 투자하는 상품이다. 물가가 상승할 것으로 예상되면서 금리상승과 연동해 인플레이션에 따라 수익률이 올라가는 국내외 물가연동국채와 이에 투자하는 펀드가 유망하다.

부동산 투자의 맥을 제대로 짚어내는 투자법

• • •

역삼동 부자 고객 중 한 명은 테헤란로 주변 이면 도로에 있는 주택에 투자하고 있다. 사무실이 밀집되어 있는 지역의 노후화된 단독주택은 사무실로 개조해서 임대를 놓으면 높은 수익을 올릴 수 있다. 특히 교통이 편리하고 중소형 벤처기업들이 몰려 있는 곳은 수요도 풍부하기 때문에 임대료를 보증금의 2% 이상 받을 수 있다.

군산의 VIP고객 이야기다. 그는 평당 5만 원에 낙찰받았던 그린벨트 지역 농지를 몇 년 만에 평당 50만 원에 팔아넘겼다. 매수자는 물류 창고를 짓기 위해 급히 땅이 필요하다는 분이었다. 군산 땅값이 하루가 다르게 치솟고 있어 맹지도 20만 원 이상에 매매되는 상황이었다. 보통 그린벨트 지역은 투자가치가 낮다고 생각하는데, 사실은 그렇지 않다. 건축규제가 상당히 완화되어 4층 이하의 주택을 건폐율 40%, 용적률 150% 이내에서 건축할 수 있으며 경우에 따라서는 해제될 수도 있다.

이런 지식이 없다면 효율적인 부동산 투자를 하기 어렵다. 여기서는 부동산 맥을 정확히 짚는 부자들만의 투자법을 알아보겠다.

• 재건축 아파트의 상가야말로 가려 있는 틈새상품

상가는 경기 변동에 민감한 부동산이다. 경제가 안 좋으면 소비가 위축돼 상가를 이용하는 빈도수가 줄어들기 때문이다. 이는 보증금과 월세의 동반 하락으로 이어져 수익률이 떨어진다. 이런 위기를 곧 기회로 삼아 발상을 전환할 필요가 있다. 남들이 외면할 때 상권이 양호한 곳에 위치한 점포를 저가로 매수한다면 수익을 극대화할 수 있다.

투자 경험이 없는 분들은 죽으나 사나 아파트만 본다. 하지만 재건축 아파트의 상가야말로 가려진 틈새상품 중 하나이다. 상가란 자고로 손님 많은 것이 최고이고 장사라는 게 원래 되는 집만 되는 법이다. 손님이 많아야 돈도 잘 벌리고 부동산으로서의 가치도 높아진다. 하지만 재건축 상가는 좀 다르다. 재건축을 앞두고 있는 상가는 대부분 상가 자체의 기능은 거의 마비되었다고 봐야 한다. 이 점이 매우 중요하다. 재건축 상가는 상가의 기능으로 보는 것이 아니라, 재건축 아파트와 마찬가지로 대지

지분으로 봐야 한다. 그러니까 상가나 아파트나 일단 헐어내고 나면 똑같다는 말이다.

• 낙후된 거리의 단독주택을 상가주택으로 리모델링하라

주변 환경이 좋아지고 있다고 해서 무조건 투자 수익률이 높을 거라고 생각하는 것은 금물이다. 주변 환경이 좋아지는 이유를 제대로 파악해야 한다. 합정이나 홍대 그리고 이태원 등은 주변 환경이 좋으나 임대료가 높아 수익을 내기가 쉽지 않다. 그렇다면, 주변 지역의 낙후된 거리에 눈을 돌리는 것도 틈새시장을 잡는 방법이다.

상암동 디지털미디어 지역은 여의도에 있던 MBC, 불교방송국, 외국인 학교의 이전과 상암동 전체의 개발 계획 영향으로 임대료가 높다. 또 그 반대에 위치한 합정, 홍대 지역도 임대료가 높다. 반면, 망원동은 상암동 디지털미디어 지역과 홍대 사이에 끼인 낙후지역으로 지하철 노선이 같은 선상에 놓여 있으면서 상대적으로 저렴하게 가격이 형성되어 있기 때문에 여러 가지 반사이익을 누릴 수 있었다.

경리단길 역시 이태원 외국인 관광지역의 하늘을 찌를 듯한 높은 권리금과 임대료로 어려움을 느낀 임차인들이 하나둘 메인 상권에서 벗어나 노하우를 발휘해 영업을 한 결과 점차 명물거리로 소문이 나기 시작했다. 자연스럽게 그동안 노후화돼 애물단지 취급을 받던 그 지역의 단독주택들이 상가주택으로 리모델링되어 매달 황금알을 낳는 거위로 탈바꿈했다.

• 호텔 · 빌딩 · 주차장 상가 등 그 외 수익형 부동산 투자의 틈새 체크포인트

호텔 객실을 소유한다는 생각을 해본 적이 있는가? 오피스텔의 공급과잉으로 공실 문제가 심각해지자 분양형 호텔이 그 대안으로 떠올랐다. 분양형 호텔은 투자 규모가 오피스텔과 거의 비슷한데다 중도금을 집단대출로 충당하면 10%의 계약금만 있어도 분양을 받을 수 있기에 오피스텔 대체 상품으로 부상하고 있다.

또 다른 수익형 부동산으로 주차장 상가도 있다. 주차장 용지의 총면적에서 30%를 상업시설로 채울 수 있어서 1, 2층과 꼭대기 층에 상가를 만들어 분양하는 상품이다. 얼마 전까지만 해도 아는 사람만 투자하는 틈새상품이었는데, 시세차익이나 월수익률 면에서 짭짤하다는 얘기가 널리 퍼지면서 주목을 받고 있다.

그 외에도 옛날에는 아파트형 공장이라 불리던 지식산업센터, 1인 기업 또는 소규모 법인에 적합한 사무실 환경을 제공하는 섹션오피스, 녹색갈증을 풀어주는 캠핑장, 리모델링을 통해 고수익 상품으로 탈바꿈하는 단독주택 등 다양한 수익형 부동산이 있다. 각각의 장점과 단점을 예리하게 따져봐야 한다.

• **기타 틈새시장**

① 가뭄 속 단비 같은 재테크 부동산 펀드

마땅한 투자처 찾기가 어려운 재테크 가뭄 속에 부동산 펀드가 유망주로 꼽히고 있다. 부동산 펀드란 빌딩이나 호텔, 물류시설 등에 투자한 뒤 임대료와 매매차익 등으로 거둔 수익률을 투자자에게 배당해주는 상품을 말한다.

요즘 주식시장은 지루한 박스권 장세에 머물러 있고 채권은 글로벌 금리 인상으로 매력이 떨어지는 상황이라서 부동산펀드가 재테크 수단으로 자리매김할 것으로 전망된다.

저금리시기에 안정적인 수익이 나오는 대체 투자처를 찾는 개인자금이 크게 늘어날 것으로 예상된다. 일반인들을 대상으로 한 공모형 부동산펀드가 4년 만에 등장하여 투자자가 몰리며 완판됐다. 하지만 거래량이 많지 않아 현금화되기가 쉽지 않고 실물 부동산 경기가 꺾일 것을 우려해 신중히 투자해야 한다는 목소리도 있다.

② 모바일앱·웹사이트 활용으로 '꼬마빌딩'을 매매하라.

카카오 출신들이 세운 정보통신업체 오즈원이 서울 시내 3만여 개의 빌딩 정보를 담은 사이트를 구축했다. 수요자들이 원하는 물건을 자동으로 검색해주는 기능을 갖췄으며 입주까지 원스톱 서비스를 제공한다.

빌딩 실거래가를 제공하는 모바일앱도 출시됐다. 서울 강남구를 시작으로 서초구와 송파구로 서비스를 확대하며 앱 내 지도에 빌딩의 매매가격이 표시돼 손쉽게 실거래가를 알 수 있다. 보증금, 차입금, 월예상 이자내역까지 세부적인 파악이 가능하여 전반적인 빌딩시장 정보를 모른 채 해당지역 중개업소를 통해서만 정보를 파악하던 이른바 '깜깜이 매매'가 크게 줄어들 전망이다.

③ 예비당첨을 노려라

2016년 11월 3일 국토교통부는 일부 지역의 아파트 분양시장이 과열됐다고 진단하고 투자수요를 차단하기 위해 1순위 자격요건을 대폭 강화했다. 아파트 분양에서 1순위 자격 강화로 수요자와 건설사 모두 예비당첨에 주목하고 있다. 부적격자가 쏟아지면 실수요자에게 또 기회가 될 듯하다. 1순위 청약에서 미달이 발생할 가능성이 커지자 수요자는 내 집 마련의 꿈을 실현할 수 있는 '틈새시장'으로 보고 있다. 그리고 건설사는 미분양사태를 막기 위한 '차선책'으로 예비당첨에 관심을 보이고 있는 것이다.

실수요자들에게는 1순위 청약에서 떨어지더라도 예비당첨 제도를 통해 아파트를 분양받을 가능성이 높아졌다는 건 희소식이다. 분양물량의 20%가 넘는 예비 당첨 물량은 부적격자가 발생하였을 경우에 탈락자 중 추첨을 통해 배분한다. 가점이 낮은 사람도 충분히 당첨될 수 있다. 예비당첨 후 건설사가 임의로 마련한 절차를 통해 아파트를 분양받은 수요자는 1순위 통장을 쓰지 않고도 계약할 수 있다는 장점이 있다. 재당첨 제한기간이 연장되면서 1순위 통장사용에 조심스러워진 수요자들 중에는 이 같은 방법으로 통장사용을 아끼면서 계약에 나서는 사례가 늘어날 것으로 전망된다.

불황에 시작하면 수익 2배 되는 부자의 재테크

• • •

모험을 하기에는 경제 상황이 너무 복잡하고 침체돼 있다. 그렇다면 지금은 무조건 투자를 접어야 할까? 투자의 기본 원칙은 쌀 때 사서 비쌀 때 파는 것이다. 하락장일 때 새로운 투자를 해야 한다는 의미다. 하지만 아직 경기의 변동성이 큰 시점인 만큼 안정성을 기준으로 투자에 신중을 기해야 한다.

직접투자보다는 간접투자로 투자를 지속하면서, 주식형 펀드나 거치식 펀드보다 주가연계증권, 주가연계펀드에 적립식으로 투자하는 것이 좋다. 고금리 특판 예금, 국공채 채권 등 확정금리 상품에 투자하는 것도 한 가지 방법이다.

경기 침체가 장기화되면 주식시장의 변동성으로 개인 투자자는 혼란스럽다. 이럴 때일수록 어느 정도 유동성을 확보하고 목표수익률을 하향 조정해야 한다. 그리고 전문가에게 조언을 얻어 장기투자와 분산투자의 포트폴리오를 구성한다면 자산관리의 암흑기를 벗어날 수 있다.

• 아파트를 '거주 공간'이 아니라 '투자 가치'에 역점을 둬라

중소기업에 다니는 김 부장과 홍 차장은 부자를 꿈꾼다. 두 사람은 6~7년 전, 집을 어디에 마련해야 할지 고민에 빠졌었다. 김 부장은 당시 전세 자금 8,000만 원에다 대출금 2,000만 원을 더해 서울 종로구에 28평형 아파트를 마련했다. 직장과의 거리를 고려한데다 대출금 부담을 최소화하려는 김 부장의 보수적인 스타일이 반영된 결과였다.

반면 홍 차장은 전세 자금 7,000만 원에다 대출금 6,000만 원을 합해 경기도 분당의 25평형 아파트를 샀다. 대출 이자가 만만치 않았지만 모험하지 않고선 지긋지긋한 전셋집이나 소형 아파트에서 평생 벗어나기 힘들 것 같았다. 홍 차장은 2년 후 집값이 6,000만 원 뛰자 또다시 대출을 끼고 40평형 아파트로 갈아탔다. 결과는 어떻게 됐을까?

김 부장의 아파트 값은 현재 1억 7,000만 원 선이다. 전세금 7,000만 원에 대한 기회비용과 대출금 2,000만 원에 대한 금융비용, 그동안의 물가상승률 등을 감안할 경우 '평범한' 수준의 재테크다. 하지만 홍 차장의 성적표는 화려하다. 대출금 1억여 원에 대한 이자부담이 남아 있지만, 아파트의 현재 시세가 7억 원을 호가하고 있는 점을 고려하면 차익만 5억 원인 셈이다.

이 같은 결과는 부동산에 대한 두 사람의 시각 차이에서 비롯됐다. 김 부장은 아파트를 '거주 공간'으로만 바라본 반면, 홍 차장은 '투자 가치'에 역점을 뒀다. 특히 홍 차장은 분당이 강남 대체 효과와 판교 신도시 후광 효과를 누릴 것이란 점, 중대형 평형의 가격 상승 여력이 더 크다는 점을 간파해 부자 대열에 합류할 수 있었다.

홍 차장처럼 집 한 채 장만하는 것으로 만족하지 말고 보다 부유한 삶을 위해 재테크를 해야 한다. 물론 김 부장처럼 내 집 하나 마련하는 것도 힘들었는데 무슨 재테크냐고 할 수도 있다. 하지만 우리의 생활을 풍요롭게 하고 각종 비상사태에 적절히 대응하기 위해서는 재테크가 필수이다. 기존 재산은 지키면서 매달 현금인출기처럼 고정적인 수입을 별도로 제공할 수 있는 투자처를 찾아야 한다. 그것이 바로 수익형 부동산이다.

많은 사람이 '금리가 올라서', '부동산 가격이 떨어질까 봐' 등 여러 가지 이유를 들어 부동산 투자를 망설인다. 예전처럼 성장률이 높았던 시대와 인구가 많았던 시대에는 집을 사두면 무조건 집값이 올라 차익형 투자를 실현할 수 있었지만, 지금은 실거주를 하며 돈을 버는 시대가 아니다. 그러니 철저히 거주와 투자를 분리하여 실거주는 실속형으로 하고, 나머지 자금은 투자해서 자산을 이동해야 한다.

• 재테크의 8할은 금융이다

금융 상품은 같은 상품이라도 활용하기에 따라서 수익을 내는 사람과 손실을 내는 사람으로 나뉜다. 투자의 성공과 실패는 금융상품을 얼마나 이해하고 있는지와 자신의 투자 목적에 적합한 상품을 제대로 선택했는지, 이 두 가지에서 판가름 난다.

예·적금, 펀드, 보험, 대출, 세금처럼 이미 누구나 사용하고 있는 평범한 금융상품을 제대로 사용하면 알토란같은 수익을 차곡차곡 쌓을 수 있다. 평범한 금융상품이라고 얕볼 것이 아니다. 5가지 금융상품은 자칫 사상누각처럼 위태로울 수 있는 재테크의 위험성을 줄이고 안전성은 높이는 재테크 주력 종목들이다. '항상 쓰는 생활비를 어디에 두어야 할까?', '펀드통장은 어떻게 읽어야 하나?', '가장 먼저 가입해야할 보험은 무엇일까?', '대출이자 갚기가 버거운 데 집을 계속 보유하는 게 옳은 걸까?' 등 실생활에 기반을 두고 있는 상품들이다. 문제는 포트폴리오를 어찌 조절하느냐이다.

금융 상품 하나를 고르는 것도 마찬가지다. '작은 지식'의 차이가 엄청난 결과를 가져오는 사례는 얼마든지 있다. 예를 들어 은행 창구에서 10년짜리 장기 예금 상품에 가입했다고 치자. 이 씨는 연 6%의 단리 상품에, 배씨는 연 5.5%의 복리 상품에 각각 1억 원을 넣었다. 표면적으로 볼 때 이 씨가 배씨에 비해 연 0.5%포인트 높은 금융상품에 가입한 셈이다. 하지만 결과는 상상 이상이다.

10년 후 이 씨가 받을 이자는 6,000만 원인 데 비해 배씨는 7,081만 4,000원으로 이 씨보다 1,081만 4,000원 더 벌 수 있다. 액수가 많거나 기간이 길어지면 두 사람의 수익률 차는 더 벌어진다.

금리가 낮은데도 이자수익률이 높은 것은 바로 '복리의 마술' 때문이다. 장기 가입상품이라면 금리보다 우선 복리 여부를 따져볼 일이다. 만약 이 상품을 비과세나 세금우대로 가입했다면 금상첨화다.

• 새로운 도전은 명품자산과 함께 하는 게 좋다

ELS(주가연계증권)는 주가변동에 연동돼 만기수익이 지급되는 유가증권이다. 주식과 채권의 경계상품이다. 채권으로 원금을 보장하고, 파생상품을 통해 추가수익을 거두는 구조다. 이때 기초자산의 변동여부에 따라 사전에 약정된 수익률을 받는다. 상품구조에 따라 주가가 떨어져도 맘껏 웃을 수 있다. 확실한 안전판을 확보한 채 추가수익을 꾀하기 때문이다. 즉 투자자의 입맛에 따라 원금보장 여부와 목표수익, 투자기간 등을 얼마든 맞출 수 있는 새로운 차원의 투자대상이다. 대략적으론 중위험, 중수익 상품이다.

돈 냄새 좀 맡는다는 사람 치고 ELS에 투자하지 않은 이가 없다는 말까지 떠돈다. 성격은 급하고 손실도 싫다면 'ELS 맞춤투자'가 최고 대안인 주력상품이다.

명품자산이란 업계이익이 아닌 고객이익을 우선한 상품을 뜻한다. 은행원들도 가족에게도 투자를 권유할 법한 저비용, 고효율의 양심상품이다. 위험이 낮고 수익은 높은 ELS 투자는 저금리 시대 알짜배기 명품자산 투자대상이다. 리스크 천지인 개별 주식투자나 수수료만 비싼 펀드투자는 이런 점에서 명품투자 자산에서 제외시킨다.

대박까지는 아니지만 시장평균+α의 수익을 원하면서 원금은 지키고 싶은 투자자에게 제격이다. 게다가 기초자산의 종류가 늘면서 신규 ELS상품은 하루에 수십 개씩 쏟아지고 있다. 투자기회의 증가다.

요즘 강남부자 고객 사이에선 ELS(주가연계증권)가 화두다. 불확실성 시대를 버텨낼 유력한 알짜배기 명품자산으로 인식되고 있어서다. 금융권 PB들에 따르면 ELS는 폭발적으로 인기몰이 중이다. 아직 덜 알려져 경쟁이 적은데다 꾸준한 자체진화를 통해 메리트는 나날이 올라가는 추세다. 금융선진국에서 ELS는 익숙한 투자자산이자 필수 포트폴리오로 인식된다. 게다가 아직은 초기시장인데다 나날이 상품구조가 다양화되고 있어 향후 수익을 낼 기회 자체가 늘어나는 추세이다.

• 불황을 이기는 성공투자 ETF

ETF는 주식과 펀드의 장점만 뽑아 업그레이드된 상품이다. 탄생 10년 만에 선진국에선 필수자산으로 등극됐다. 주식과 펀드 투자에 실패한 투자자를 위한 맞춤처방 상품이다.

이 상품은 펀드지만 실시간 매매가 가능하고, 투자비용은 인덱스 펀드보다 오히려 더 싸며, 장기·분산·적립효과는 그대로 유지할 수 있도록 만들어졌다. 추적지수가 다양해지면서 상품라인업까지 보강돼 고객입맛에 맞춰 골라잡을 수도 있다. 이 정도면 투자불황기의 고민을 풀어줄 대안상품으로 손색이 없다.

경제 경기란 게 장기적으론 우상향(↗)이란 점에서 장기투자일 경우 복리효과까지 기대할 수 있다. 진입비용도 싸다. 단돈 10만 원이면 누구든 이들 양심자산에 투자할 수 있다.

가장 단순하지만 확실한 고객지향의 투자자산으로 투자불황기의 고민을 풀어줄 대안상품으로 손색이 없다. 굳이 불황기가 아니라도 ETF는 그 자체로 누구에게든 꼭 필요한 투자대상이다. 즉 보유비중에 차이는 있을지언정 남녀노소, 투자성향과 무관한 필수자산이다. 액티브펀드를 운용하는 월가의 투자대가들조차 21세기 최고의 금융상품으로 ETF를 꼽는다. 성공 투자의 3대 조건인 '장기·분산·적립투자'를 고루 만족시킨 유일무이한 자산이다. 투자자 본인만 기본정석대로 접근하면 얼마든 승률을 높일 수 있는 명품자산이다.

• 풍요로운 은퇴를 꿈꾼다면 변액보험상품

최근 시장 수익률에 연동하는 투자와 위험관리를 함께하는 변액보험상품이 다양하게 등장하고 있다. 글로벌금융위기로 하락했던 국내 주식시장이 다시 상승세를 보이면서 투자형 상품인 변액보험에 대한 관심이 증가하고 있다.

변액보험은 보험과 투자의 중간 영역에 있는 상품으로 펀드처럼 투자상품의 특성과 함께 보험상품과 같은 다양한 세제혜택이 있다. 보험기간 내에 사망하면 보험금을 받을 수 있고 일정시점까지 생존하는 경우 종신토록 연금을 받을 수도 있다. 운용실적에 따라 사망보험금이 증가하기도 하고, 사망 또는 연금개시시점에 일정금액을 최저로 보장하고 일정요건을 갖추고 10년 이상 유지 시 보험차익에 대한 비과세혜택을 받을 수 있으며, 보험계약대출도 가능하다.

변액보험을 선택할 때는 단기간의 투자성과보다는 해당보험사의 안정적인 재무와 장기간의 투자성과를 보고 판단하는 것이 바람직하다. 변액보험의 종류로는 연금, 저축, 보장상품이 있으며 일정조건이 충족되면 중도에 인출할 수 있는 기능을 유니버셜이라고 하는데, 변액보험에 이러한 유니버셜 기능을 합친 것을 변액유니버셜보험이라 한다.

은행에서 만나는 고객들 중 포트폴리오를 자산가만을 위한 것이라 생각하는 고객들이 많다. 그러나 사실 포트폴리오는 금융상품을 두 개 이상 가입한 사람이면 누구나 갖고 있다. 정기적금과 적립식펀드에 가입했다면 그것만으로도 금융 포트폴리오라고 할 수 있다. 실손의료보험, 암보험, 간병보험에 가입했다면 그것은 보험 포트폴리오다.

풍요로운 은퇴를 위해 변액보험을 통한 재테크를 권할 때, 고객이 "10년 이상 납부하는 것은 자신 없어요"라고 거부한다면 그 거절의사를 되받아 설명한다. 고객에게 차근차근 왜 변액유니버설보험은 10년 이상을 납부해야 하는지, 10년 이상을 납부하면 어떤 메리트가 있는지를 설득한다. 나의 상담을 받고 변액보험을 들었던 고객들은 10년 세월이 이리 빨리 돌아올 줄은 몰랐다며 변액보험으로 경제적 독립을 얻어 고맙다고 한다.

변액유니버셜보험이 좋은 이유 중 하나는 물가상승률을 고려한 금융상품이라는 점이다.

현재 6,000원이면 먹는 자장면이 10년 후에도 6,000원일 거라 생각하는 사람은 없을 것이다. 그러나 막상 자신의 노후를 대비하는 데 있어서는 물가상승률을 반영한 미래가치를 고려하지 않는 경우가 많다. 변액유니버셜보험에 가입하면 물가상승률로 인해 사망보험금의 실질가치가 훼손되는 것을 피할 수 있다.

또한, 유동성을 확보할 수 있다. 일반인이 매달 내야 하는 보험료도 만만치 않은데 현금유동성 문제로 보험을 해약하는 일이 있을 때 납입한 보험료의 해약환급금 중 일부를 중도인출하여 사용할 수 있고, 경제적 형편이 곤란해질 경우 납입 자체를 일정 기간 유예할 수 있다.

마지막으로 변액유니버셜종신으로 가입할 경우 일반 종신보험의 한계를 보완하고 제대로 활용한다면, 투자형과 보장형 상품의 이점을 모두 누릴 수 있다.

변액보험은 은행의 저금리와 주식 투자의 위험성에 대한 고민을 한결 가볍게 해준다. 안정적이면서도 높은 수익을 추구할 수 있기 때문이다. 하지만 목표금액 달성을 위해 꼭 갖춰야 할 것이 있다. 바로 장기적인 안목과 철저한 포트폴리오다.

• 내 돈은 내가 지킨다! 재테크 리모델링을 실행하라

금융 전문가로서 30년 동안 수많은 고객들의 재무상황을 점검하고 리모델링한 나는 고객들에게 "제가 지금 잘하고 있나요?" 이런 질문을 많이 받아왔다. 현재의 저축액은 적절한지, 전에 계약한 보험은 잘 가입한 건지, 최근 가입한 펀드와 주식은 전망이 어떤지 등이 궁금하고 걱정이 된다면 이제 점검이 필요할 때다. 몸에 이상을 느끼거나 혹시 모를 이상을 확인하고 싶을 때 건강검진을 받듯이 자신의 재무상황이나 재테크 방법을 꼼꼼히 재확인하는 것이다.

경기가 침체되고 투자심리가 위축되는 환경 속에서 금융기관들은 끊임없이 새로운 투자 상품을 내놓고 있다. 상품의 종류도 다양하고 형태도 복잡해졌다. 그럴수록 투자자 개인이 여러 상품의 특성에 대해 파악하고 무엇을 선택할지 판단할 필요성은 커진다. 금융기관은 수익 감소를 우려하여 투자자에게 유리한 상품 정보나 기능을 충분히 알려주려 하지 않기 때문이다. 실제로 일이 많아 고객들의 자산관리를 하나하나 해주기가 어렵다.

아직은 '포트폴리오', '자산관리' 하면 '돈이 많은 사람들이 하는 것'이라는 선입견이 많다. 하지만 돈의 많고 적음이 문제가 아니다. 포트폴리오를 개선하면 수익은 얼마든지 높아질 수 있다. 개선해야 할 재테크의 문제점을 하나하나 짚어나가며 조금이라도 더 수익을 내야 한다.

세금은 높고 금리는 낮은 시대, 낼 돈은 점점 많아지고 받을 돈은 갈수록 적어지고 있다. 이제 변화한 시대에 맞춰 재테크 방법도 달라져야 한다. 지인과의 인정에 얽매여 보험 등의 불필요한 상품에 가입하는 등의 행동은 문제가 많다. 단돈 1만 원을 넣은 저축성 보험도, 10만 원을 넣은 펀드도 그 자체로 포트폴리오이자 자산관리 리모델링을 주기적으로 해줘야 한다.

4
장

현금 부자의 통장에 숨어 있는 기적의 재테크

당신은 지금 투자할 준비가 되었는가?

• • •

• 하나, 금융지식 제대로 알고 있는가?

하루가 다르게 금융 시장은 변화하고 있다. 금융 상품은 매일 쏟아져 나온다. 이 변화를 많은 시간 공을 들여 분석하는 것은 만만치 않은 일이다. 은행을 방문하면 시간을 절약할 수 있다. 은행원들은 금융의 흐름을 분석해주고 수익률을 끌어낼 수 있는 맞춤형 상담을 해주기 때문이다. 그리고 금융상품의 장단점을 분석해 조언해준다.

그러나 금융권에 근무하는 이들이 당신 편이라고만 생각하면 안 된다. 그러므로 스스로 공부할 필요가 있다. 대부분 은행을 찾는 고객들은 금융 지식이 없다. 관심 있는 사람들조차 핵심을 간과하고 곁가지에만 집중하고 있다. 금융지식이 부족하면 무엇을 어떻게 시작해야 할지 갈피를 잡지 못한다. 그리고 핵심을 짚지 못하는 사람들이 집중하는 곁가지는 잘못된 정보일 때가 많다.

하지만 VVIP고객들 대부분 해박한 금융지식을 가지고 있으며 자기 분야에서 최고로 인정받고 있는 사람들이다. 이들은 무엇이 잘못되었는지 인식하고 왜 이러한 현상이 생기는 것인지를 따지며 이해관계에 맞게 가공한 정보들을 공유한다. VIP들만 공유하는 정보가 무엇인지 알기 위해서는 부자들처럼 고급 금융지식으로 무장해야 한다.

• 둘, 돈 관리의 기본을 아는가?

내가 오랜 기간 함께한 VVIP고객들 중에는 자수성가형 부자들도 있고, 전문직에 종사하는 분들 그리고 상속을 받아 부자가 된 고객들도 있다. 모두 부자가 된 경로는 다르지만 부자가 될 이유와 자격은 충분했다. 이들은 돈 관리를 잘한다.

부자들은 '예비 자산, 집 자산, 은퇴 자산, 보장 자산, 투자 자산'과 자산 포트폴리오를 구성하고 운용하는 방법을 잘 안다. 수입을 나눠 자산을 만들면 여러 개의 통장, 증서, 계약서, 등기권리증 등을 보유하게 된다. 그 통장과 증서, 계약서를 목적별로 파일함에 담아 관리하면 보다 현실적이고 구체적인 돈 모으기가 가능해진다.

잘 버는 사람은 아껴 쓰는 사람을 이길 수 없고, 아껴 쓰는 사

*자산별 관리법

☑ 예비 자산

비상금 또는 예비 자금이라 할 수 있다. 갑작스런 실직이나 사고 등에 대비하기 위한 자산으로 월 생활비의 6개월 치 정도를 유지하는 것이 좋다.

☑ 보장 자산

말 그대로 보험을 말한다. 수입의 15% 범위 내에서 의료비 실비보험, 암·상해보험, 정기보험, 종신보험 등 나와 가족에게 꼭 필요한 것들로 구성하는 게 좋다.

집 자산은 주택 마련을 위한 자금으로 수입의 20%를 투자하고, 차후 대출을 받더라도 DTI 20%를 넘지 않는 게 좋다.

☑ 은퇴 자산

매월 세후 수입의 15%를 투자하는데, 기본적으로 국민연금, 퇴직금 등 공적연금을 활용하면서 따로 개인적으로 준비하도록 한다. 이에 맞는 금융상품으로는 세제적격연금보험, 변액연금, 변액유니버셜, 적립식펀드 등이 있다.

☑ 투자 자산

인생을 살아가면서 필요한 것, 갖고 싶은 것, 하고 싶은 것을 이루기 위해 목적별로 의도된 자산이다. 자녀양육자금, 세계여행자금, 자동차 등을 마련하는 데 필요한 자산 등이 여기에 포함된다.

람은 잘 관리하는 사람을 당해낼 수 없다.

부자가 되기 위해 가장 중요한 방법이 많은 돈을 버는 것이라면, 그 다음으로 중요한 것은 잘 관리하여 새는 돈을 막는 것이다. 이를 위해 제일 먼저 해야 할 일은 통장의 용도를 확실히 이해하는 것이다. 통장의 의미를 이해해야만 가장 합리적이고 효과적으로 돈을 불릴 수 있다.

돈 관리를 할 때 '선택과 집중'은 필수이다. 그리고 실패하지 않는 관리가 무엇보다 중요하다. '재무목표'라 하면 거창하게 생각하는 사람들이 있는데 사실 별것 아니다. 내 집 마련하고, 차를 사고, 자녀를 낳아 교육 시키고 결혼을 시키는 일 등 목돈이 필요한 우리 삶의 이벤트가 결국 재무목표인 것이다. 평범한 삶을 살아가는 직장인은 월급이라는 한정된 자원 안에서 생활비, 내 집 마련, 자녀교육, 은퇴준비, 미래설계 등 산적한 미션들을 해결해야 한다. 그렇기 때문에 돈 관리의 '선택과 집중'은 필수이며, 실패하지 않는 관리가 무엇보다 중요하다.

돈은 처음에는 아무리 굴려도 눈에 띄게 불어나지 않지만 어느 정도 커지면 엄청난 속도로 주변의 돈을 끌어당기는 속성을 지녔다. 종잣돈이라는 스노우 볼을 키우기까지 명확한 목표를 세우고, 지출을 통제하면서 자산을 늘려가는 시스템을 만드는 작업이 반드시 필요하다. 이것이 돈 관리의 기본이다.

• 셋, 통장, 제대로 쪼개고 있는가?

재테크 책을 보면 한결같이 '통장 쪼개기'를 이야기한다. 통장 쪼개기란, 용도에 맞춰 여러 개의 통장을 만들어 관리하라는 뜻이다. 그런데 언뜻 이런 의문이 들 수도 있다. "통장을 왜 쪼개?"

통장이 여러 개 있으면 불편한 것은 사실이다. 통장 하나에 월급도 넣어두고 교통카드, 직불카드는 물론 신용카드 결제 통장으로도 사용하면 편리한데, 왜 그걸 굳이 쪼개라고 할까?

많은 사람들이 통장 쪼개기를 실행에 옮기고 있지만 큰 효과를 보지 못하고 있다. 단순히 통장을 여러 개 만들었다고 해서 원활하게 현금이 흘러가고 돈이 모이는 것은 아니기 때문이다. 통장을 쪼갤 때 중요한 것은 지출 항목을 고정 지출과 변동 지출로 구분하고 각각 다른 통장에서 관련 금액이 출금되도록 하는 일이다.

쓴 돈도 없는데 월급이 사라지는 직장인, 한 번에 500~1,000만 원씩 목돈이 들어와 수시입출금통장에 몽땅 넣고 관리하는 방송국 작가, 노후에 대한 걱정으로 보험을 5개나 가입한 자영업자, 입출금 통장 단 2개만 가지고 돈 관리를 해온 직장인 등 많은 사람이 통장의 성격을 몰라 제대로 활용하지 못한 채 자산관리를 하고 있다.

자산의 뼈대를 세우는 월급 통장과 예금 적금 통장, 집을 마련하고 노후를 준비하고 위험을 대비하는 청약, 보험, 연금까지. 목적에 따라 통장을 쪼개어 관리하다 보면 목적에 맞게 돈이 차오르는 것은 시간문제이다.

• **넷, 종잣돈을 모으고 있는가?**

종잣돈을 마련할 때 가장 기본적인 방법은 저축액을 늘리는 일이다. 불확실한 수익률에 기대지 말고 내 의지로 할 수 있는 지출 통제에 집중하자. 마찬가지로 정기 적금에 가입할 때 가장 중요한 것은 가입 금액이다.

재테크에 실패하는 이유는 종잣돈 만들기에 실패하기 때문이다. 100만 원을 모으는 일은 누구나 쉽게 할 수 있다. 하지만 1,000만 원을 모으려면 한 달에 100만 원씩 모아도 거의 1년을 모아야 된다. 고액 연봉자에겐 쉬운 미션이겠지만, 일반 미혼 월급쟁이가 1년에 1,000만 원 이상 모으기란 꽤 어렵다. 처음 한두 달은 허리띠 졸라매기에 성공하지만 돈이 모이는 속도는 더디기만 하고, 그 기간이 길어지면 길어질수록 쉽게 지치게 된다. 1,000만 원 모으기도 이렇게 힘이 드는데, 1억 원 정도 되는 큰 종잣돈 만들기란 결코 쉽지 않은 미션이다.

종잣돈을 모을 때, 제일 안타까운 경우는 1년 정기적금에 가입한 후 3개월도 못 버티고 중도 해약하는 것이고, 두 번째로 안타까운 경우는 정기예금만 고집하는 것이다.

정기예금 대비 1~2% 이상 높은 금리를 가지고 있고, 만기도 1개월부터 12개월 이상으로 다양한 특정금전신탁 상품들이 많다. ABCP(Asset Backed Commercial Paper)는 일반고객들에게는 익숙하지 않은 상품이다. ABCP는 주로 만기가 돌아온 기존 ABS 채권을 상환하는 데 쓰이며 단기 CP를 반복해 발행할 수 있다. 이 경우 저금리인 단기자금을 여러 번 발행해 상대적으로 고금리인 장기 ABS 채권의 이자를 갚게 되므로 유동화 전문회사가 금리 차이만큼 수익을 얻어 향후 재원으로 활용할 수 있다. 또한 투자자 입장에선 소비자금융채권 등 비교적 안정적인 자산을 근거로 발행되는데다 주로 3개월짜리 단기상품이기 때문에 안정성과 유동성을 동시에 확보할 수 있다.

펀드와 특정금전신탁의 리스크를 동일하게 생각하여 제대로 상품을 활용하지 않는 것은 안타까운 일이다. 담보 및 신용등급이 우량한 특정금전신탁 상품은 적절하게만 활용한다면 정기예금 대비 장점이 많다.

• 다섯, 체크카드와 잔액 통보 SMS 서비스를 이용하라

할부 기능이 없는 체크카드를 사용하면서 잔액이 통보되는 SMS 서비스도 함께 이용하는 것이 좋다. 당장 사고 싶은 물건을 살 수 없어 불편함을 느끼겠지만, 그 물건이 내게 정말 필요한 것인지, 충동적으로 구매하고 싶은 것은 아닌지 한 번 더 생각하게 된다. 꼭 필요한 것이라면 이름을 붙여 통장을 만들고 돈을 차곡차곡 모으자. 이렇게 하면 그 기간에 불필요한 지출을 줄이고, 저축하는 동안 그 물건의 필요성에 대해 여러 번 고민해서 신중하게 구매하게 되므로 만족감도 커진다. 그리고 잔액 통보 SMS 서비스를 이용하면, 무언가를 살 때마다 잔액을 확인할 수 있으므로 충동구매를 조금이나마 억제할 수 있다.

나는 신용카드 사용으로 건전한 지출과 건강한 소비문화가 사라지고 있는 것이 안타깝다. 말 그대로 빚을 권하는 사회가 되었기 때문이다. 신용카드의 본질은 빚임을 잊지 말자.

• 여섯, 선택이 가난과 부의 길을 좌우한다

월급을 받는 순간부터 소중한 돈을 관리하기 위해, 은행예금, 주식투자, 펀드투자, 부동산 등 수많은 상품 가운데서 가장 효율적인 '선택'을 해야 하지만, 여러 금융 상품 중에서 자신에게 가장 적합한 '선택'을 하는 것은 결코 간단하지 않다. 이 선택에 따라 재산이 증식될 수도, 경제적 좌절과 실패를 맞을 수도 있다.

우리의 인생에서 과연 무엇이 중요한지, 어디에 투자하는 것이 가장 현명한 것인지 돈에 관한 철학을 정립해야 한다. 언론과 금융기관 등에서 쏟아져 나오는 정보들에 휘둘리지 말고 돈에 대한 주도권을 되찾아야 한다. 다시 말해서 내가 돈의 주인이 되어야 한다. 돈을 벌고, 쓰고, 지키는 것에 대한 철학을 새롭게 세우면 '돈으로부터의 자유'를 찾고 돈 앞에 당당해질 수 있다.

우리는 어떤 선택들을 할 수 있을까? 경제활동을 하고 있는 사람이라면 누구나 알고 있겠지만, 정직하게 일해서 번 돈을 은행에 넣어두고 차곡차곡 쌓는 방법, 부동산에 투자하는 방법, 금이나 보석 등 현물에 투자하는 방법, 주식이나 펀드에 투자하는 방법 등 다양한 투자방법이 있다. 오랜 고민 끝에 최선의 선택을 했다고 하자. 하지만 평생 그 선택만 끌고 가는 것은 현명하지 않다. 최선의 선택은 시기에 따라 달라진다. 은행금리가 높은 시절에 정기적금이나 정기예금은 훌륭한 재산증식법이자, 재산관리법이었다. 또한 부동산 열풍이 불 땐, 너도 나도 관심을 뒀다. 주식 시장이 성장하면서는 많은 여윳돈이 그곳으로 몰려들기도 했다. 수익을 올리려면, 한 가지 선택에 만족할 것이 아니라 항상 세태를 파악하며 지속적으로 '선택'을 반복해나가야 한다.

저절로 돈이 쌓이는 부자들의 기본 재테크

• • •

압구정동 지점 고객 중에 경제학자로 저명한 교수님 한 분이 있다. 김 교수는 저성장, 저물가, 저금리 구조를 고려하였을 때, 현재 우리는 금리가 1.5%지만 5년 후 그리고 10년 후에는 일본의 경우처럼 0.1%나 미국의 경우처럼 0.3%가 될 가능성이 클 것이라고 말한다.

"제 예금 통장만 봐도 5년 전에는 1억을 넣으면 35만 원의 이자가 찍혔습니다. 그런데 얼마 전에 통장을 정리하다 보니 11만 원의 이자가 찍혀 있는 걸 확인했습니다. 그렇다면 5년 후에는 1억 원에 얼마나 이자가 붙을까요? 5년 후, 10년 후에는 아마 1~2만 원에 불과할 것입니다. 그때가 되면 지금의 12만 원도 많은 것처럼 보이겠지요."

김 교수는 2008년에 호주달러로 외화예금에 가입했었다. 환율은 1,000원대였지만 12월에는 901원으로 떨어져서 약 10%의 환손실이 발생됐다.

"만약 지금처럼 외화예금이 만기 시까지 900원 초반으로 유지가 된다면 '정기예금 이자 9% - 환손실 10% = -1%' 가 수익이 되어버리는 것이죠. 반대로 2008년 12월에 가입한 경우 만기시점에 환율이 1,000원대로 올라가게 되면 '정기예금 이자 9% + 환차익 10% = 19%'를 얻을 수 있죠."

그는 외화예금은 해당국가와의 환율변동에 대한 예측이 매우 중요하다는 것을 다시금 강조한다.

사람들은 조금이라도 더 나은 삶을 바라면서 조금씩이라도 재테크를 하고 있다. 자금이 부동산으로 유입되는 이유가 바로 여기에 있다. 부동산이 재미있고 좋아서, 부동산 투자가 유망해서 부동산을 보유하는 게 아니라는 이야기이다. 그러므로 우리는 저금리가 빚어내는 자산 시장 변동과 자산가치의 대변화에 주목해야 한다.

부자들은 돈에 끌려다니지 않는다. 돈에 대한 통제력이 매우 높다. 아무리 돈을 아껴 쓰고, 열심히 저축을 해도 돈이 모이지 않는 것 같다고 말하는 사람들이 많다. 이럴 때는 자신의 재테크 방법에 문제가 없는지 확인해야 한다. 자신의 투자성향이 어떠한지, 현재 경제상황이 어떤지 뉴스와 신문을 통해 꼼꼼하게 살펴보고 그에 맞는 기본 재테크 전략을 짜야 한다.

지금부터 불황기에 돈을 부르는 부자들의 기본 재테크에 대해 소개하겠다.

• 때로는 투자에도 기다리는 자세가 필요하다

중국 펀드의 경우 2007년과 2008년에 남들이 좋다고 하니까 따라서 투자했다가 마이너스가 나자 죄다 빠져나왔다. 사실 인간의 본능이다. 본능적으로 주위에서 하는 대로 따라해야만 생존할 거라 생각하는 것이다. 그런데 돈을 벌기 위해서는 본능대로 하는 게 아니라 오히려 그 반대로 가야 한다.

주식 자산이 많은 투자 귀재 고객들은 싸게 사서 비싸게 판다. 싸게 사서 비싸게 파는 투자, 그것은 자기만의 리듬과 감각이 있어야 가능하고 그 감각을 갖기 위해서는 공부를 많이 해야 한다. 여의도 증권가 부자들은 보통 사람들에 비해 돈 버는 일에 관한 학습 능력과 촉이 무척 뛰어나다.

투자를 할 때, 즉시 결단을 내리면 큰 이득을 얻을 수도 있다. 하지만 그만큼 큰 손실을 볼 수도 있다. 조바심을 내지 않고 정보를 수집하면 올바른 판단을 내릴 수 있다. 단 1%라도 미심쩍으면 반드시 결정을 보류한다. 물론 그래서 기회를 놓치는 일도 종종 있다. 그러나 반대로 보류하는 동안 가격이 내려가는 일도 많다.

• 부자가 되는 기회를 놓치고 싶지 않다면, 미리 기회자금을 만들어라

존 템플턴은 최적의 타이밍은 비관론이 팽배할 때라고 말했다. 비관론이 최고조에 달했을 때 사서, 낙관론이 최고조에 달했을 때 팔라는 말이다.

순수 금융부자들이 위기 속에서도 돈을 벌 수 있었던 이유는 경제·금융시장이 불안정해서 가격이 내려올 때를 저가매수의 기회로 삼지 않았던 데에 있다. 그보다 인내하며 불안 요소가 어느 정도 해소되고 경제·시장지표가 회복되어 가시적으로 반등의 기회에 왔을 때 적극 투자했다.

철저히 위험자산과 안전자산의 비중을 배분하고 충분한 현금유동성을 갖추는 것도 잊지 않았다. 그래서 위험자산 가치가 추락해 위험자산이 적어지면 위험자산의 비중을 낮추고, 위험자산 가치가 상승해 위험자산 비중이 커지면 목표수익이 났을 때 프라핏 키핑(Profit Keeping)을 하면서 처음 자산포트폴리오로 리밸런싱을 하는 지혜가 필요하다.

부자가 될 기회를 놓치지 않기 위해서는 어떻게 해야 할까?

향후 경기가 또다시 그 특정 국면에 이르면, 우리는 미래를 예측하려는 노력을 굳이 하지 않고서도 금리, 주가, 환율 등의 움직임을 비교적 구체적으로 전망할 수 있을 것이다. 그리고 그 규칙성을 활용한다면, 통상적인 수준을 초과하는 높은 수익률을 얻을 수 있을 것이다.

나도 처음에는 자산 증식이나 관리에 대한 개념이 부족했다. 하지만 은행에서 오랫동안 근무하며 부자 고객을 많이 만나다 보니 언젠가 목돈이 모이면 기회비용을 고려하여 제대로 된 투자를 해봐야겠다는 생각을 품게 됐다. 그리고 나는 그 생각을 한 순간부터 준비를 시작했다.

'준비'라고 해서 거창한 일을 하는 것이 아니다. 부자가 기회를 알아볼 때 활용하는 경제지식을 따라 익히는 것이다. 경제위기 때 위험을 관리하면서 고수익을 추구하는 데 필요한 투자지식을 익히고, 부자가 되는 기회가 찾아왔을 때 그 기회를 잡기 위해 필요한 기회 자금을 미리 만들어야 한다.

• 자산관리를 잘하는 기술이 바로 '지키는 재테크'다

내가 만나는 부자들은 부자가 되기도 어렵지만 부자가 된 후에 부를 유지하는 일은 더욱 어렵다고 말한다. 자산을 지키는 기술은 결국 자산을 잘 관리하는 것이다. 핵심은 수입을 평생 꾸준히 목적대로 배분하여 투자하는 것이다. 수입의 50% 이상은 따로 떼어 5가지 다른 목적의 핵심자산에 투자하고, 남은 돈 중에서 소비를 해야 한다. 즉, '선저축 후지출' 원칙을 지켜야 하고, 수입이 들어오자마자 자동적으로 5대 자산으로 배분되도록 하는 자동 시스템이나 습관을 만들어 지키는 기술이 진짜 재테크라는 것이다.

서점에서 '지키는 재테크'라는 키워드로 책을 검색하니 국일

증권경제연구소에서 출간된《마법의 돈 관리》라는 책을 찾을 수 있었다. 《마법의 돈 관리》는 수입 자동 배분 시스템을 통한 5대 자산 관리라는 개념을 제시하는 책이다. 예비자산은 CMA에 넣어 놓고, 보장성 보험은 환급금 없는 것 위주로 가입 하는 등, 내가 만나온 부자들의 자산관리 방법이 공감이 가는 내용이 있었다. 자산별 자산관리법이 궁금하고 지키는 재테크가 궁금한 분들이라면 참고하면 좋을 것 같다.

내가 만난 부자 중 어떤 고객은 "잘 알지 못한다면 애초에 손을 대지 않는 것이 좋다"라고 한다. 재테크에 실패하는 사람들은 대부분 '어디선가 들은', '출처는 불분명하지만 확실하다는 정보'에 의존해 투자를 한다. 특히 지인에 대한 신뢰가 깊은 우리나라 사람들의 경우 지인을 통해 전해들은 이야기에 솔깃하여 '묻지마 투자'를 하는 경향이 강하다.

자신들은 묻지마 투자가 아니라고 말하지만, 자신의 철학과 확신이 없는 투자를 하여 자칫하면 몇 년간 애써 올린 수익을 모두 날리거나 오히려 원금까지 손해를 보기도 한다. 전문가들도 한치 앞을 완벽히 예상할 수 없는 시장의 변화를 남의 말만 믿고 헤쳐가기란 너무 무모한 일이다.

• 갈수록 심각해지는 노후준비, 돈이 불어나는 노후 시스템을 만들어라

통계청 발표 자료를 보면 한국의 60세 이상 노인 중에 60%

이상이 스스로 생활비를 마련하면서 살고 있다. 자식도 잘 키우고, 멀쩡한 회사를 다니다가 은퇴를 하고서도 노후 생활비가 없으니 허드렛일이라도 나갈 수밖에 없는 것이다. 이러한 노후문제는 어느 특정계층의 문제가 아니라 곧 우리에게 닥칠 엄연한 현실이기도 하다.

갈수록 심각해지는 노후준비에 대한 해법으로 서울시에서 제1베이비부머 세대들에게 '노후준비 세미나'를 통해 은퇴빌딩이라는 새로운 대안을 제시했다. 노후를 준비하는 데 있어 필수적인 5가지 요소, 즉 국민연금, 퇴직연금 혹은 개인연금, 실손 의료보험 그리고 보장성 보험에 입주시켜 길게 50년 이상이 될 수도 있는 노후를 완벽하게 대비하는 머니플랜이다.

국민연금을 통해서는 용돈, 개인연금을 통해서는 생활비, 실손 의료보험을 통해서는 의료비, 그리고 마지막으로 보장성 보험을 통해서는 요양비를 충당할 수 있는 은퇴계획이다. 전체 수입의 20~30% 미만으로 이 모든 것을 충분히 준비할 수 있다고 한다. 노후를 위해 모든 사람이 반드시 5층 은퇴빌딩을 세울 것을 당부했다.

돈이 불어나는 노후 시스템을 만들려면 투자를 통해 목표수익률을 실현해야 한다. 우리 집의 자산과 부채 상황 그리고 어떤 보험을 들고 있는지 파악하는 법 등, 새는 돈을 효과적으로 막고, 현재 우리 집의 재무 상태를 분석하고 월지급식 상품으로 현금을 확보하는 게 중요하다.

준비한 자만이 황금노후를 즐길 수 있다. 재무 설계의 마지막 점검은 바로 은퇴설계에 있다. 은퇴설계는 가입을 결심한 순간에 바로 시작하는 게 좋다. 늦으면 늦을수록 부대비용이 많이 발생하고 보험료로 더 내야 한다. 노후를 준비할 때 보험은 선택이 아닌 필수다. 노후 자금은 평생에 걸쳐 장기적으로 마련해야 한다.

• 세법을 공부하라, 세법에 민감한 부자가 제테크에 성공한다

한 중소기업의 사장은 150억 원 상당의 재산을 소유한 자산가였는데 갑작스레 간암으로 세상을 떠나면서 유가족이 궁지로 몰렸다. 유가족은 어떻게든 회사를 살리기 위해 돈을 끌어 모아 25억 원이라는 거액의 상속세를 납부했지만 회사는 3년 뒤에 문을 닫고 유가족의 손에는 덜렁 아파트 한 채만 남고 말았다. 별다른 상속 계획 없이 세법에 어두웠던 결과였다.

재테크에 성공하기 위한 기본원칙 중 하나가 세법을 잘 아는 것이다. 내가 속한 스터디 모임에는 세무사 등 여러 전문가들이 함께 모여 있다.

우리 모임은 매년 첫해 달라지는 세법에 대해 공부한다. 세법의 이해도를 높이는 게 재테크의 기본이기 때문이다. 모임에 나오는 세무사 분은 강의도 하시는데, 이 분의 강의는 시행규칙에서 정하는 대표적인 내용 중 이자율규정부터 시작한다. 세법에서는 세금을 부과하는 기준으로 삼는 이자율이 시장금리의 변동 추이를 반영하기 때문이라고 한다. 이밖에 양도소득세가 과세되는 상장주식의 범위와 시행령에서 정한 과세나 비과세 요건, 파생상품 양도소득세 과세 등을 위주로 강의한다.

세금에 민감한 자산가들은 금융소득 비과세상품과 분리과세 상품투자를 늘리고 있고 배우자와 자녀에 대한 증여와 상속을 서두르는 추세이다.

불황기 극복을 위한 연령대별 재테크

•••

살다 보면 누구나 큰 일을 겪는다. 큰 일에는 큰 지출이 따르기 마련이다. 결혼을 하거나, 자녀 교육비를 대거나, 집을 마련할 때. 가족 중 누군가가 크게 아프거나 은퇴했을 때가 그렇다. 누구나 인생에서 한두 번은 겪게 되는 이런 일들을 미리 계획하고 금전적인 준비를 한다면, 목돈이 필요할 때 허둥대면서 빚을 지는 일이 없을 것이다.

그래서 연령대별로 재테크를 어떻게 해야 하는지 미리 알고 있어야 한다. 사회 초년생부터 60세 은퇴 후까지, 라이프 사이클과 연령대에 따른 목적자금 마련의 필요성과 금융상품 솔루션을 제시한다.

• 예비 대학생 재테크 첫걸음

고등학교를 졸업하면 경제생활의 주체가 되어야 한다. 가깝게는 결혼자금이나 전세자금에서부터 멀게는 은퇴 후의 노후자금까지 목돈이 들어갈 곳이 한두 곳이 아니므로 하루라도 빨리 인생의 재무목표를 세워야 한다. 예비 대학생들에게 추천하는 돈 관리법은 다음과 같다.

✔ 현금이나 신용카드보다는 체크카드를 적극 활용한다.

아직 소비 습관이 정립되지 않은 예비 대학생이 신용카드를 쓰게 된다면 과소비를 하게 될 수 있다. 요즘 체크카드는 예비 20대가 주로 이용하는 시설에 혜택을 제공하고 있다. 대중교통, 영화관, 카페 할인 등 여러 혜택을 따져가며 자신에게 맞는 체크카드를 만들어 활용한다면, 현금을 사용할 때보다 더 똑똑한 소비생활을 즐길 수 있을 것이다.

✔ 적금보다는 펀드

적금과 적립식 펀드는 모두 차곡차곡 저축할 수 있는 금융상품이다. 하지만 적금보다 펀드가 세금과 수익률에 있어 몇 가지 장점이 있다. 특히 2017년 말까지 가입하는 해외주식형펀드는 3,000만 원 한도로 10년까지 매매차익과 환차익, 평가차익에 대하여 비과세혜택이 주어진다.

또한 펀드에 가입하면 자연스레 경제에 대한 관심이 높아질 수밖에 없다. 경제에 관심을 갖는 습관을 들일 수 있다는 점은 돈으로 환산할 수 없는 장점 중 하나다. 매월 수익률을 알려주는 문자를 받으며 시장의 변화에 따른 펀드 수익률이 차이에 관심을 갖다보면 자연스레 경제 공부를 하게 된다. 국내펀드와 해외펀드 비중은 6대4 정도로 가져갈 것을 추천한다.

☑ 음주보다는 주택청약통장

술 마실 때 쓰는 3만 원~5만 원 정도를 아껴 주택청약종합통장에 가입하라. 차곡차곡 돈을 모아 분양 1순위 자격을 만들어 두길 바란다.

• 희망의 시기 20대 목적별 재테크 전략

20대에는 본격적으로 재테크를 시작해야 한다. 재테크는 돈을 모은 후에 하는 것이 아니다. 돈을 벌기 시작할 때부터 관심을 갖고 실천에 옮겨야 한다. 돈, 금융, 재테크 같은 경제 개념에 아직 익숙해지지 않은 20대는 학창 시절의 연장이나 다름없다. 갖고 싶은 것도 많고, 하고 싶은 공부도 많고, 돈도 많이 벌고 싶다. 그런데 어떻게 해야 할지 방법을 몰라 막막하기만 한 시기다.

하지만 한 사람의 인생을 놓고 보면 20대의 시기는 너무나도 중요하다. 남들보다 빨리 목표를 세우고 소비를 절제하고 저축을 습관화한다면, 훗날 남들보다 질 좋은 삶을 누릴 수 있을 것이다. 20대를 얼마나 알차게 보내느냐에 따라 남은 60년 인생의 방향이 결정된다. 절약하고 저축하는 습관으로 열심히 종잣돈을 모아보자.

✅ 종잣돈 모으기를 절대 미루지 마라.

20대는 인생의 본격적인 시작점이다. 따라서 많이 배웠든 그렇지 않든 사는 게 다 고만고만하다. 앞으로의 목표와 나아갈 방향을 제대로 세우고 인내심을 가져야 한다. "다음 달부터 해야지" 하며 종잣돈 모으기를 절대 미루지 마라. 당장 은행으로 달려가 저축부터 하고, 그러고 나서 남은 돈으로 소비하라.

종잣돈 마련이 우선목표이다. 월급의 70% 이상을 저축해야 한다. 생활비는 70만 원이면 충분하다. 일단 종잣돈 1억부터 만들어보자. 내 차를 갖고 싶다는 욕망 대신 마음속에 1억 원을 품어라.

✅ 첫 재테크는 급여 통장 고르기이다.

처음 직장을 갖게 된 사회초년생들이 시작하는 첫 재테크는 급여 통장 고르기이다. 금융기관이 제공하는 급여통장에 대한 서비스가 다르기 때문에 자신의 경제생활 패턴에 맞는 통장을 고르는 것이 중요하다.

수수료 감면 혜택을 주고, 우대금리 서비스가 있는지 우선 확인하자. 나아가 향후 자신이 어떤 금융서비스를 이용할지 판단이 돼 있는 상태에서 이에 대한 금융혜택을 제공하는 급여통장을 선택한다면 급여통장 하나만으로 다양한 재테크 시너지 효과를 낼 수 있다.

✔ 청약통장에 가입해라.

가장 기본 재테크상품인 청약통장 가입은 하루라도 빠를수록 좋다. 결혼과 전세자금 마련을 위해 저축 비중이 가장 높아야 할 시기다.

✔ 20대의 은퇴 설계, 결코 빠른 것이 아니다.

20대는 은퇴까지 재테크를 할 수 있는 시간이 길기 때문에 적극적이고 공격적인 투자가 필수다. 따라서 투자형 상품에 60~80%, 원금 보장형 상품에 10~30%, 보험 상품에 10% 정도의 비율로 배분하는 게 좋다. 체크카드를 사용하고 급여통장과 CMA 통장으로 한 푼의 이자라도 더 챙겨야 한다. 투자형 상품으로는 적립식 펀드가 좋다. 인덱스 펀드도 고려할 만하다. 예금으로는 신용협동조합이나 새마을금고의 비과세 예탁금을 권한다. 의료실비보험이나 변액유니버설보험 가입도 좋다.

• 여명의 시기 30대의 목적별 재테크 전략

30대 월급쟁이가 할 수 있는 최선의 재테크는 금융상품에 올바로 가입하는 것이다. 슬슬 결혼을 하고 아이도 태어나 정신없는 나날이 될 것이다.

신혼 3년 재테크가 평생을 결정한다. 30대는 부동산에 투자하기에 결코 이른 나이가 아니다. 요즘 악착같은 젊은이들은 20대 초반에 벌써 1순위 청약통장의 주인이 되고, 분양권 전매나 조각지분 같은 용어도 낯설어하지 않는다. 내 집 마련을 위한 부동산 관련 세금에 대한 30대 고객들의 문의가 의외로 많다.

- ☑ 30대의 월급 관리는 매우 중요하다. 관리 방법을 알아야 한다.
- ☑ 내 집 마련은 적극적으로 하라. 전세자금대출, 알짜배기 정보를 챙겨 주거와 투자, 두 마리 토끼를 잡아라. 내 집 마련은 하루라도 빠를수록 좋다
- ☑ 반드시 신용카드를 지배하라. 신용카드를 몸에 지니지 말고, 사용할 때는 구체적인 목표를 세우고 구체적으로 설계해서 사용하라.
- ☑ 주식투자, 이제는 필수이다. 인내가 돈을 부른다.
- ☑ 적립식 펀드로 투자다운 투자를 시작하라. 간접 투자의 대표주자, 인덱스 펀드가 최고다.
- ☑ 안정적인 채권 투자에도 관심을 가져라.
- ☑ 꾸준히 이자율 높은 상품에 투자하고 연금으로 노후를 준비하라.
- ☑ 위험 대비는 재테크의 기본이다. 한 살이라도 젊을 때 보험에 가입하라. 생활과 직결된 자동차보험의 또 다른 혜택, 보험료공제 등 생명보험 등도 가입을 검토해야 한다.
- ☑ 연말정산 소득공제 금융상품으로 세금은 다시 꼭 돌려받아 수입을 늘려라. 개인연금 저축과 개인형 IRP에도 관심을 가져야 한다.
- ☑ 종잣돈을 만들기까지는 저축의 힘을 믿어라.

• **인생의 도약기 40대의 목적별 재테크 전략**

정신없이 일에 치여 지내온 마흔, 흔들림이 없는 나이라 불혹(不惑)이라는데 인생의 도약을 위해 앞가림하기 버거운 일들만 늘어난다. 대한민국의 사십대는 고달프다. 물가는 치솟고, 교육비는 감당하기 어렵고, 은퇴는 빨라졌고, 하우스푸어가 될까 두렵다. 40대는 지출이 가장 많을 때다.

자신뿐만 아니라 가족까지 책임져야 하기 때문에 40대에 월급만으로 목돈을 만든다는 건 거의 불가능하다. 40대는 도전할 수 있는 재테크를 챙기며 인생 이모작 준비를 해야 한다.

- ☑ 교육이나 마트 할인, 주유 등 집중적으로 특정 분야를 할인해주는 카드 상품을 골라 써야 한다.
- ☑ 종신보험은 물론이고 각종 보장이 하나로 합쳐져 있는 통합보험도 가입을 검토해볼 만하다.
- ☑ 직접투자를 하기보다는 간접투자 상품의 비중을 높여라
- ☑ 40대엔 안정을 추구하면서도 투자에 다소 공격적이어야 한다.
- ☑ 40대라면 부동산 투자에 더욱 적극적이어야 한다.
- ☑ 40대는 다가올 은퇴에 대해 겸허해질 필요가 있다. 다만, 부동산만으로 노후를 대비하지 마라.
- ☑ 40대에게는 결코 행복한 노후가 있을 수 없다. 자산운용과 노후준비를 동시에 하라.
- ☑ 빠르면 빠를수록 좋은 은퇴준비, 1년 빨리 준비하면 10년이 행복해진다.
- ☑ 내가 좋아하는 취미와 특기를 소득으로 연결시켜라. 많은 공부가

필요한 시기이다.

- ☑ 40대에 종잣돈을 마련한다는 건 불가능에 가깝다.
- ☑ 노후를 위해서는 3억 원보다 매월 받을 100만 원이 더 중요하다.

• 인생의 정점을 향하여! 50대의 목적별 재테크 전략

은퇴 및 노후에 대한 중장년층의 관심이 갈수록 높아지고 있다. 이에 따라 금융사들이 다양한 종합노후설계상품을 개발하고 있다. 노후에는 몇 억이 필요한 게 아니다. 달마다 얼마 정도 받을지를 생각하고 연금에 가입해야 한다. 누구보다 일찍 은퇴를 준비하라.

- ☑ 50대는 무엇보다 노후 준비를 열심히 해야 한다.
- ☑ 은퇴 후 자산 관리의 핵심은 안정적인 현금 흐름이다.
- ☑ 현재의 자산 규모로 노후 준비 여부를 가늠하지 마라.
- ☑ 직장에서의 은퇴를 당당하게 기다려라.
- ☑ 월급을 대체할 소득이 없으면 더 빨리 늙는다.
- ☑ 은퇴 이후엔 세제지원상품을 기본으로 꼭 챙겨라.
- ☑ 개인연금 불입액이 충분한지 살펴보고 불충분하다면 이를 보완해야 한다.
- ☑ 암보험은 필수고 의료실비보험도 챙겨둬야 한다.
- ☑ 나이 먹을수록 수익형 부동산이 효자 노릇을 한다.
- ☑ 부모 자식 간의 부동산 거래는 대출을 끼는 게 유리하다.

- ☑ 힘들여 모은 재산, 물려줄 것인가 환원할지 고민해라.
- ☑ 노후 관련 상품은 100% 안전이 최고다.

• 60~75세(신중년), 새로운 인생에 도전하라

늙으면 돈이 효자요 친구다. 은퇴 후 생활비에 생존이 달려 있다. 은퇴설계를 넘어 생애설계를 해야 한다고 한다. 생애설계, '무엇'을 '어떻게' 해야 할까?

- ☑ 투자 상품 비중은 가급적 줄이고 원금 손실 가능성이 없는 쪽에 자금을 굴려야 한다.
- ☑ MMF 등 단기성 상품에 돈을 넣는 것도 좋다.
- ☑ 60대는 그동안 모아 온 자산을 지킬 때다.
- ☑ 자산 구조조정만으로 월수입 20% 늘릴 수 있다.
- ☑ 금리 1%에 연연하지 말고 지출 1만 원부터 줄여라.
- ☑ 은퇴 이후인 만큼 한 번에 목돈을 집어넣어 바로 연금을 받을 수 있는 즉시 연금도 알아둘 필요가 있다.

이모작 인생에 도전하는 시니어투자클럽에서는 30년이 아닌 60년 버는 인생을 위하여 반짝 벌지 말고 오래 벌어야 한다고 말한다. 자신이 원하는 방식대로 소득을 재창출하고 있는 시니어를 유형별로 알아보자.

① 창업형

인생 1막에서 쌓아온 경험과 지혜를 활용해, 인생 2막을 준비하여 가장 잘할 수 있는 자신만의 사업을 즐겨나가는 유형이다. 우리나라에서는 현실상 시니어 세대가 창업에 실패하면 대부분 회복하기 힘들다. 신중하게 접근하고, 치밀하게 준비해야 한다. 취미나 일상의 순간순간에 번득이는 아이디어를 우연히 발견하여 창업한다면, 너도나도 하는 치킨집, 카페 식당, 술집 등의 프랜차이즈가 아닌 자신만의 사업으로 성공할 수 있다.

② 재취업형

종전의 직장에 비해 급여나 대우는 다소 낮더라도 자신의 능력과 적성을 잘 살릴 수 있는 분야로 평생현역을 꿈꾸며 재취업한다. 늘어난 수명과 빨라진 퇴직 시기 사이의 긴 공백기에 파트타임이나 비정규직으로 일하면서 부족한 생활 자금을 버는 것이 주목적이다.

③ 사회환원형

비영리단체, 자원봉사로 그동안 쌓아 온 경험과 지혜를 사회에 환원하며 보람을 느끼는 사람들이다. 비영리단체는 정부나 민간 기업의 손길이 닿지 않는 분야의 문제를 해결하기 위해 시작된 것이, 차츰 자원봉사의 차원을 넘어 사회 공헌 활동을 하면서 고용 창출과 수익 창출을 꾀하는 단계로 변모하고 있다. 경제력이 있고 현역 시절의 경험을 살려 사회에 기여하고 싶은 퇴직자들이 늘어나고 있지만, 이들을 모두 받아들일 여건은 아직 갖춰져 있지 않다. 하지만 문제의식을 갖고 지역사회를 잘 살펴보면 스스로 비영리단체를 설립해 사회문제 해결에 기여할 수 있는 길을 찾을 수 있다. 서울시 50+재단과 행복재단, 엑티브시니어 등에 주목해보길 권한다.

• 75~85세(신장년), 86~100세(신노년), 아름다운 엔딩을 위하여

마지막으로 노후 대비를 하나도 못한 사람이 있다면 역모기지론을 추천한다. 역모기지론은 지금 갖고 있는 집을 담보로 대출을 받는 형태다. 매달 연금처럼 돈을 받을 수 있다. 부부의 경우 두 사람이 모두 사망할 때까지 지급된다. 주택금융공사에 취급하며 나중에 집을 처분해 돈이 남으면 가족들에게 돌려준다.

저금리 시대에 부자들이 은행으로 몰리는 이유

• • •

불과 몇 년 전만 해도 4~5% 이자를 챙겨주는 적금이 수두룩했다. 적금만 부지런히 넣어도 목돈을 손에 쥘 수 있었다. 그런데 재테크의 진리처럼 여겨지던 적금이 어느 순간부터 푸대접을 받기 시작했다. 이율이 2%대로 떨어지더니 심지어 1%대까지 떨어졌다. 이제는 아무리 열심히 적금을 모아도 목돈을 만질 수 없게 됐다.

그런데도 내가 아는 금융업계 종사자들은 물론이고 업계 큰손들은 여전히 적금을 들어야 한다고 한다. 안정적으로 운영되는 자산이 있어야, 다른 곳에 투자를 할 수 있는 밑거름되기 때문이다. 적금으로 돈을 모아야 투자도 가능하고 돈을 굴릴 수 있다는 계산을 해야 한다는 것이다.

하지만 부자들이 무턱대고 적금에 돈을 맡기는 게 아니다. 부자일수록 단 0.1%의 이율을 더 받기 위해 발품을 판다. 은행에 돈을 보관하는 알짜배기 부자들은 0.1%의 이율 때문에 주거래 은행을 바꾸기도 하고, 통장을 갈아탄다.

이때 놓쳐서는 안 될 중요한 포인트는 은행 금리는 은행이 정하는 것이라는 피동적인 자세로 접근해서는 안 된다는 것이다. 모든 은행이 여러 약정이나 조건을 걸면 0.1% 혹은 0.2%의 이율 금리를 더 얹어준다. 때문에 은행 직원만 잘 공략해도 약간의 금리 추가가 가능하다.

초저금리 시대, 이제는 숨어 있는 이자율 1%라도 찾아야 한다. 적금 금액이 늘어날수록 그 1%의 차이는 엄청난 차이를 불러온다. 적금 이율의 중요성에 대해서는 웬만한 재테크 도서에서 다 강조하고 있다. 하지만 아직 시중 금리가 얼마인지 모르는 사람이 허다하다. 당신이 들고 있는 적금의 금리를 정확하게 말할 수 있는가? 만약 헷갈린다면 당신은 이미 재산을 손해보고 있는 것이다.

적금 하나를 들더라도 은행마다의 이율, 내가 받을 수 있는 이율을 고려해야 한다. 대개 은행원이 추천해주는 상품에 가입하는 경우가 일반적이다. 소위 알부자라고 하는 사람들이 이렇게 0.1%의 이율에도 연연하는 것은 그 적은 돈이 불어나서 얼마나 큰돈이 되는지 알기 때문이다.

그렇다면 받을 수 있는 혜택을 최대화하려면 어떻게 해야 할까? 먼저 은행 직원을 바라보는 시선을 바꿔야 한다. 아래 체크리스트를 보며 나는 은행 직원을 현명하게 잘 활용하는 고객이었는지 다시 생각해보길 바란다.

***은행 직원이란?**

- ☑ 금융에 대한 궁금한 점을 답변해주는 사람
- ☑ 은행 상품들을 자세히 소개해주는 사람
- ☑ 금융계의 흐름에 대한 정보를 가지고 있는 사람
- ☑ 타협과 의견 조율을 통해 나와 거래를 하는 사람

저성장, 저금리 시대에는 열심히 일한 만큼 돈을 불릴 방법에도 더 적극적일 필요가 있다. 대한민국에 재테크 열풍이 분 지 벌써 10년도 넘었다. 재테크를 잘해서 부자가 되었다는 사람들이 속출했지만, 아직 재테크의 기본조차 모르거나 실행하지 않는 사람이 대부분이다.

재테크의 기본을 정리하고 넘어가자. 자신이 제대로 행하고 있는지 체크해보자. 만약 어느 하나라도 놓치고 있다면 돈이 잘 모이지 않는다고 한탄하는 사람일 가능성이 크다. 돈을 통제하고 모으는 것이 재테크의 기본이다. 이때 목돈은 호황기를 준비하는 총탄이기도 하고, 불황에도 흔들리지 않고 자산을 지킬 힘이 되어주기도 한다.

당신을 위한 현명한 은행 사용법

•••

은행에 내점하는 고객 중에는 은행을 제대로 활용하지 못하는 분들이 너무 많다. 개인투자자가 스스로 자산관리를 잘하기에는 어려움이 많다. 특히 저금리, 저성장 시대에는 더욱 그렇다. 그렇다면 현명한 방법을 찾아서 신뢰할 만한 전문가를 잘 활용하는 것이 투자수익률을 높이는 지름길이다.

세상 어느 곳에나 분명히 갑을 관계는 존재하고 우리는 갑과 을을 넘나드는 생활을 하곤 한다. 재테크의 세계에서는 분명히 돈을 가지고 상품에 가입하는 사람이 갑(甲)일 텐데, 가끔은 '당했다'라는 생각이 들곤 한다. 하지만 VIP고객들은 은행에서 갑의 위치를 잘 활용한다. 금융사를 200% 활용해서 돈이 불어나는 은행 사용설명법을 살펴보자.

• 금리도 흥정이 가능하다

시중 금리가 얼마인지 모르는 사람도 많다. 단순히 은행원이 추천해주는 상품을 가입하는 경우가 대부분이다. 그러나 부자들은 정기 예금도 은행 직원이 '부르는 금리'대로 순순히 가입하지 않는다. 은행에 게시된 금리에는 눈길도 주지 않고 반드시 협상을 시도한다. 그리고 항상 남보다 높은 금리를 받는 데 성공한다. 심지어 예금액에 따라서는 0.5~1%까지 인상해 가입하는 사람도 보았다. 계속되는 초저금리시대, 이제는 숨어 있는 이자율 0.5~1%라도 찾아야 한다. 은행에 돈을 오래 맡길수록 손해다. 목돈이 있다면 적금이 아닌 예금으로 굴려야 한다. 초저금리 기조가 이어지면서 예적금 상품에서도 장단기의 금리 차이가 사라지고 있다. 만기가 길수록 금리도 높다는 재테크상식이 깨지고 있는 것이다. 1년 만기 상품의 금리가 3년 만기 상품보다 오히려 더 높은 '장단기 금리 역전' 현상까지 나타나고 있다.

은행에서 제시하는 금리대로 예금을 하거나 대출을 받을 필요는 없다. 금리도 흥정이 가능하다는 사실을 알아야 한다. 실제 시장에서 상품을 구입하듯 금융 소비자에게는 은행에서 제시한 가격인 이자에 대해 흥정할 권리가 있다.

• 금융회사 직원을 나만의 금융 자문위원으로 만들자

최근 부부 고객이 은행 업무와 부동산 업무를 함께 상담하고 싶다고 하여. 금융투자상품과 수익형부동산 투자에 대해 조언을 해주었다. 이 부부는 타행의 PB센터도 이용해보았지만 부부가 가지고 있는 꼬마건물의 자산관리와 수익형 부동산 투자를 권한 데는 없었다고 한다.

은행에서 부동산 매각, 매입 관련 자문을 해주는 것에 생소해했다. 서비스가 금융기관마다 차이가 나긴 하지만 은행에서 해주는 자산관리가 은행상품에만 국한되어 있는 것은 아니다.

• 급하게 중도상환 할 때 대출활용방법

사회생활을 하다보면 당장 목돈이 필요할 경우가 생길 수 있다. 현재 가지고 있는 현금이 부족하다면 통장을 깰 것인가? 아니면 현금 서비스를 받을 것인가? 당장 필요한 금액이 3개월 급여 이내라면 기존에 가입하고 있는 금융상품을 바탕으로 담보대출을 사용하는 것이 좋다.

담보대출의 통상 한도는 은행마다 다르지만 예금과 적금의 경우는 거의 100% 범위 내에서 가능하며, 펀드의 경우에는 50~80%까지 가능하다. 따라서 본인이 거래하고 있는 금융기관의 홈페이지나 창구에서 대출 금리와 대출 가능 금액을 확인하는 게 좋다.

주택담보대출을 중도상환할 때나 대출금을 중도 상환할 때는 중도상환수수료가 발생하므로, 이익을 따져보고 결정해야 한다. 다음 페이지의 공식을 참고하면 쉽다.

***코픽스금리(COFIX, Cost of Funds IndeX, 자금조달비용지수)**

① 세후 적금금리 + 중도상환수수료 < 대출금리 = 갚는 게 이득

② 세후 적금금리 + 중도상환수수료 > 대출금리 = 적금해서 갚는 게 이득

②번에 해당할 경우 주기적으로 ①번 상황이 될 때까지 모니터링 후 1번 상황일 때 중도상환을 하면 된다.

그 외 대출 시 이것만은 알고 하자.

대환은 어느 정도 보편화돼 있는 반면, 금리인하 요구권에 대해 아는 사람은 별로 없다. 금리인하 요구권은 상환 능력이 더 좋아지면 은행에 금리인하를 요구할 수 있는 권리이다. 신용대출을 비롯하여 자동차 할부와 같은 할부금융과 리스에도 신청할 수 있으며, 담보대출도 일부 가능하다. 대출 후 개인의 신용등급이 올라가거나 연 소득의 상승, 직장 변동, 직장 내 직위 상승, 전문자격증 취득 후 현업 근무 등 여러 여건이 좋아지면 금리인하 요구권을 신청해보자. 하지만 승진으로 급여가 오르거나 안정적인 직장으로 옮겼다 해도 부채비율이 상승했다면 금리인하 요구가 거절될 수 있다.

대출 원리금을 줄여나가는 것만큼 현재의 재무상황을 개선시키는 좋은 방법은 없다. 따라서 향후 내야 할 이자의 총액

을 줄이는 것은 가장 적극적인 자산 리모델링 방법이라 할 수 있겠다.

• **신용카드와 체크카드 사용법**

한국인들은 평소 지갑에 현금 7만 7,000원과 신용카드 1.98장을 갖고 다니는 것으로 조사됐다. 현대인의 필수품이 되어버린 신용카드, 어떻게 쓰는 것이 현명할까? 일단 결제일을 일치시키고 지난 소비내역을 반드시 확인하여 나에게 필요한 혜택을 주는 카드를 사용한다. 체크카드가 불안하다면 소액의 신용결제 서비스 기능이 있는 체크카드를 사용하고 무이자가 아니면 할부구매를 하지 말자.

2014년부터 신용카드 10%, 체크카드는 30% 공제하며 최고 한도는 300만 원이다. 그러나 소득공제에 집착하기보다는 현명한 카드 사용이 우선이고 가급적 해외에서는 신용카드로 사용을 한다. 신용카드를 가진 사람들은 급전이 필요할 때 별 생각 없이 현금서비스를 받아서 쓰지만 거기에 따르는 이자율은 어마어마하다.

충동구매로 포인트 선지급 서비스를 이용했다고 하더라도 되돌릴 수 있는 방법이 있다. 카드 회사는 소비자와 선지급 약정을 체결한 뒤 계약체결 여부 및 주요 상환조건에 대해 콜센터를 통해 재확인하는 절차를 진행한다.

포인트 선지급과 자주 혼동되는 것이 바로 '세이브 포인트'라

불리는 포인트 연계 할부 서비스다. 얼핏 들으면 같은 것 같지만 자세히 보면 내용이 조금 다르다.

포인트 선지급은 미리 지급받은 현금에 대해 약정기간(일반적으로 36개월) 내에만 상환하면 된다. 반면 세이브 포인트는 선지급된 포인트를 매월 '분할해서' 할부원금 및 수수료를 적립된 포인트로 상환해야 한다. 즉, 세이브 포인트는 선지급과는 달리 매월 상환해야 하는 의무금액이나 상환한도가 정해져 있다. 다만 세이브 포인트는 분할상환 금액이 정해져 있기 때문에 상환부담이 분산된다. 하지만 약정기간 내에 상환하지 못할 때는 만기 일시상환 금액이 오히려 커질 수 있다.

• 저축은행, 신협, 새마을금고의 비과세상품 활용

거래하는 저축은행이 문을 닫았을 때, 해당 저축은행에 대출이 있더라도 당장 상환해야 하는 것은 아니다. 저축은행이 문을 닫으면 신규수신, 예금지급 등이 중지될 뿐이다. 대출상환, 만기연장 등의 업무는 그대로 이뤄진다. 특히 예금과 대출을 동시에 갖고 있는 경우라면 예금을 돌려받지 않고 대출금을 줄이는 상계 요청을 하면 된다.

예금에서 대출을 제한 금액이 5,000만 원 미만이라면 상계 후 전액 보장받을 수 있다. 당장 급전이 필요하다면 가지급금을 활용하면 된다. 예금보험공사는 당장 자금이 필요한 예금자들을 위해 잔액 가운데 일부를 가지급한다. 예전에는 한도가 1,500만 원이었지만 고객의 불편을 줄이기 위해 2,000만 원까지 늘렸다.

신협, 새마을금고의 비과세상품은 일반 은행보다 이율이 높다. 하지만 조합에 가입해야 한다. 조합 탈퇴 시 가입비를 돌려받는다. 1.4% 농특세는 내지만 비교해보면 일반 은행보다 이율이 높다. 해당 은행 사이트에 있는 해당지점 정보를 확인하여 최근 3년간 순이익이 있는지, 고정 이하 여신비율 8% 미만인지, 자기자본 8% 이상인지 살펴보면 튼튼한 조합인지 확인할 수 있다.

☑ 신협(www.cu.co.kr) → 경영공시 → 전자공시 → 해당신협 검색

☑ 새마을금고(www.kfcc.co.kr) → 금고소재 → 경영공시 → 해당지점 검색

• **주거래통장과 지출통장 사용법**

"은행 거래를 한 곳으로만 하면 혜택을 더 받을 수 있습니다. 주거래 은행을 만드세요" 타당한 말이다. 은행들은 자체적으로 주거래 고객에게 일정 부분 혜택을 주려고 노력한다. 내부적으로 등급을 정해 은행과 거래를 많이 하는 고객에게는 수수료 면제 등의 혜택을 제공하는 것이다.

급여통장 하나에 각종 자동이체 거래와 카드 거래 등을 집중시켜 신용도를 착실히 쌓아 올리면 등급에 따라 0.1~0.2%p 정도 예금이나 적금 금리를 더 받을 수 있다. 필요할 때 월급의

300~500% 정도의 신용대출을 쉽게 받을 수도 있다. 추후 주택담보 대출을 받을 때에는 단 0.1%p라도 대출금리를 적게 낼 수도 있다.

근로소득자의 급여통장, 개인사업자 및 일반인들의 생활비 통장인 주거래통장은 개인의 소득과 지출을 관리하는 기초 통장이다. 주거래통장을 단순히 월급이 들어오고 카드대금이나 각종 공과금이 빠져나가는 통장쯤으로 생각해서는 안 된다. 각종 금융상품에 가입하는 데 기반이 되는 통장이며, 앞으로 다가올 생애주기별 목적자금을 관리하는 첫 단추이기 때문이다.

대부분의 사람들이 이용 및 관리의 편리성 등을 이유로 최초로 통장을 개설한 은행에서 자동이체, 적금이나 펀드 등의 금융상품 가입, 그리고 대출 등을 받는다. 결국 주거래통장을 만든다는 것은 주거래 금융회사를 선정하는 것과 같으므로 신중하게 선택해야 한다. 월 지출만을 충당하는 통장과, 연 지출을 충당하는 통장을 따로 만들어 관리하면 좋다.

CMA 통장은 1년 이내 여유자금 보관용으로 안성맞춤이다. 하나씩 가지고 있으면 좋다. 상여금과 성과급은 매월 고정적으로 나오는 급여가 아니기 때문에 잉여수입으로 분류할 수 있다. 이런 잉여수입을 관리하기 위해서는 기본적으로 CMA를 활용하는 것이 좋다. CMA를 이들 자금을 저축하기 위한 기본통장으로 삼아 다음과 같이 활용하는 것이 바람직하다.

매월 나가는 월 지출은 무시하더라도 1년에 한 번쯤 나가는

'연 지출'은 꼭 기입한다. 자동차 관련(보험료, 수리비 등), 각종 세금, 명절비, 휴가비, 경조사비, 고가품(컴퓨터, 냉장고등)으로 이 연 지출을 줄이는 것이 핵심이다. 연 지출을 줄여 비상금 통장에 모은다.

• 환전의 지혜 활용

환전금액이 크지 않다면 수수료에 너무 신경 쓸 필요가 없다. 수수료를 최대로 할인을 받고 싶다면 비록 한도는 일 100만 원이지만, 인터넷을 활용하여 90%까지 할인받는 경우도 있다. 환율이 떨어질 가능성이 높다면 환전보다 신용카드 사용이 유리하다. 달러, 유로, 엔 등은 현지 ATM기 사용이 이득인 경우도 있다. 환전은 인터넷으로 신청하고 공항창구에서 받으면 편리하다. '마이뱅크'란 어플을 다운 받으면 가장 저렴한 환율 은행이 확인 가능하다. 은행에 갈 때 환율우대쿠폰을 함께 가져가면 더 저렴하게 환전할 수 있다.

환율은 전문가들도 언제 가장 올라갈지 언제 내려갈지 예측 못한다. 자신이 본 게 가장 싼 환율이라는 생각이 든다면 지체 말고 사기를 권한다. 금액이 크다면 외화를 분산시켜 산 뒤 외화 통장에 넣어두는 것을 권한다.

• 저금리 시대 부담스런 보수, 온라인펀드 활용

투자자 입장에서는 기준금리를 웃도는 보수가 부담스러워

보일 수도 있다. 보수는 저렴하지만 널리 알려지지 않았거나 판매회사의 홍보가 잘 안되어 대중화되지 못한 온라인펀드시장이 활성화될 것으로 예상된다.

약 2,000개 펀드가 판매되는 펀드 슈퍼마켓은 판매 보수가 평균 연 0.35%이다. 이들 판매처에서는 일반 펀드뿐만 아니라 세제혜택이 있는 개인연금, 비과세 해외주식형 펀드 등도 가입할 수 있다. 특히 판매 보수는 매년 펀드자산에 비례하므로 장기투자를 할수록 차이가 난다. 다만 온라인에서 펀드를 가입하면 대면상담 과정이 없어 초보투자자들은 자신에게 적합한 펀드선택이 어렵다는 단점이 있다. 인터넷과 모바일 활용이 익숙한 20, 30대는 은행에 가서 상담만 하고, 실제 가입은 온라인 펀드에서 진행하기도 한다.

부자의 통장에 숨은 자산관리 전략

• • •

자산 배분 전략에는 크게 두 가지가 있다.

첫째는 전략적 자산 배분이다. 유형이 서로 다른 투자자산에 분배하여 투자하는 것이다. 이를테면 안정형을 추구한다면 '주식형펀드 10%, 채권형펀드 90%'식으로 투자하는 것이다. 이 자산 배분 전략은 투자자 유형이 안정형이냐 위험중립형이냐 적극적인 공격투자형이냐에 따라 비율을 조정해서 다양하게 활용할 수 있고 투자자의 나이에 따라 변경하여 사용할 수 있다.

둘째는 전술적 자산 배분이다. 전략적 자산 배분보다 공격적인 투자전략으로 주가의 오르내림에 따라 서로 다른 성격의 투자자산 비중을 조절하는 것이다. 전술적 자산 배분은 경기선행지수나 이동평균선 등을 다양하게 활용하는 방법이 있다.

30년 이상 수많은 고객들을 상대하며 간접투자인 펀드투자에서 수익을 냈다. 방법은 단순하다. 간단하고 쉬운 재테크 원칙을 세우고 실용적인 전략으로 꾸준히 투자금을 굴리는 것이다.

내가 근무하는 K은행에서는 자산관리 분야에 대한 높은 시장 니즈를 반영하기 위해 집중교육을 많이 한다. 금융시장과 자산관리, 투자상품과 투자전략을 확고히 다질 수 있는 실전형 종합자산관리과정으로 성공적 자산관리와 투자활동을 돕기 위해 경제기본교육부터 정보를 꾸준히 제공해준다.

그 정보와 교육이 잘 맞아 기본원칙을 지켜가며 성공적 투자수익을 내줄 때는 기쁘기 그지없다. 하지만 고객의 판단 타이밍이 맞지 않아 투자를 못할 때면 많이 아쉽다. 당신의 자산을 한 단계 끌어올리는 데 작은 도움이 되기를 바라며, 현명한 자산관리 전략에 대해 살펴본다.

• 위험이 있는 곳에 수익이 있다

투자에 조금이라도 관심이 있다면 "High Risk, High Return"이라는 말을 들어봤을 것이다. 기대수익률이 높을수록 위험도 높다는 말이다. 이 말은 안전하면서 수익률이 좋은 상품은 없다는 것이다. 고객들은 "안전한 상품으로 추천해주세요"라고 말한다. 대한민국 금융소비자의 투자성향은 전반적으로 매우 보수적이다. 이십여 년간 수천 명의 고객들을 상담하면서 그들의 투자성향을 분석해보니, 대략 80% 이상이 기대수익률이 좋지 않더라도 원금보장 상품을 선호하였다. “원금보장이 진정한 원금보장일까?”라는 질문에 “그렇다!”라고 답할 수 있다면 계속해서 원금보장 상품을 고집해도 좋다.

매년 미래 예상 물가상승률이 2.5%씩 하락하고 있다는 것은 결국 화폐가치가 하락하고 있다는 것으로 볼 수 있다. 1.5%의 예금에 투자한다 해도, 매년 1.0%(명목금리-물가상승률)씩 내 돈의 가치가 떨어지는 것이므로 결국 안전하게 투자하고 있는 것 같지만 실질적으로는 마이너스 투자, 즉 손실을 보는 투자를 하고 있는 것이다.

그래서 펀드투자로 부자가 되기 위해서는 정보가 필요하다. 펀드투자의 적기는 언제인지? 지금 환매를 할 것인지? 지금 다른 투자처로 갈아탈 것인지에 대해 결정적인 역할을 하는 것은 시장 정보 지식이다.

• 실효수익률 높이는 절세상품 활용

무조건 200만 원 버는 만능통장 ISA 가입을 적극 권유한다. 가입 자격은 직전년도 근로사업소득이 있는 사람으로 1인당 1계좌만 가능하다. 신규 취업자도 당해 연도 수입이 있는 경우 가입할 수 있다. 단, 직전년도 금융소득종합과세 대상자는 제외한다. 고소득층에게 과도한 혜택이 돌아갈 수 있기 때문이다. 근로소득이나 사업소득이 없어도 농어민이면 가입이 가능하다.

개인 종합 자산 관리 계좌(ISA)가 만능 통장으로 불리는 이유는 투자의 수요와 욕구에 맞게 탄력적으로 접근할 수 있기 때문이다. ISA란 기본적으로 개인이 직접 구성 및 운용하는 넓은 개념의 펀드이다. 일단 개인이 가입한 다음 예금, 펀드, 파생결합증권 등으로 포트폴리오를 짜서 돈을 넣으면 일정 기간 경과 후 수익이 발생한다. 그러면 이것을 통합해 순익에 대해 세제 혜택을 부여한다. 한마디로 개인이 직접 만들어 운용하는 펀드라고 할 수 있다. 결국 ISA는 여러 금융 상품을 담는 계좌라는 의미로 자산 관리 및 운용 기능을 수행한다.

납입 한도는 연간 2,000만 원이고 의무가입 기간이 5년이므로 최대 1억 원까지 불입이 가능하다. 여기에 특례가 있다. 소득이 있는 15~29세 가입자와 일정 소득 이하 가입자는 의무 가입 기간이 3년이다. 원래 일정 소득 이하자의 조건은 2,500만 원을 생각했지만 국회 심의 과정에서 총 급여 5,000만 원, 종합소득 3,000만 원 이하 가입 대상자도 의무가입 기간을 3년으로 결정됐다. 편입 상품은 예금과 적금은 물론 국내주식형·채권형, 해외주식형·채권형, 국내혼합형·해외혼합형, ETF, 파생결합증권이다.

세제 혜택은 하나의 계좌 내에 여러 상품을 담았을 때 전체 기간 또는 상품 간의 손익을 통산해서 순소득에 대해 과세한다. 이때 200만 원까지는 비과세이고 200만 원 초과분은 9% 분리과세한다. 그 외에 절세상품으로는 해외주식비과세, 국내주식 비과세, 연금저축, 퇴직연금 IRP 등이 있다.

• **통화분산을 통한 자산관리전략**

원화로 투자하는 ELS가 아닌, 달러로 투자하는 ELS에 관심을 가져보는 것도 좋다. 목표수익률과 수익구조는 비슷하지만 달러화로 투자하는 ELS는 원화와 상관관계가 낮은데다 환차익까지 기대할 수 있다. 달러화 자산에 투자하는 상품은 ELS가 대표적이다.

외화정기예금 등 외화통장을 활용할 수도 있다. 달러를 현찰로 보유하다 환율상승 때 환차익을 노릴 수도 있다. 환율은 양국의 금리 차이를 반영한다. 미국의 금리인상은 달러강세로 이어지고 기축통화로서의 달러는 안전자산으로 충분한 매력이 있어 통화분산을 통한 자산관리전략이 필요하다.

될 성싶은 것 하나를 골라 그곳에 올인하면 당장은 뭐가 될 것처럼 보이지만 결국 실패할 확률이 더 높다. 계획과 목적에 맞게 적절히 나누어 투자하는 것, 즉 분산투자가 더 큰 수익, 더 행복한 미래를 가져다준다.

• **보험 재테크를 통한 자산 관리**

① 변액보험

높은 건물을 짓기 위해 탄탄한 설계도가 필요하듯, 성공적인 재테크도 이와 마찬가지다. 한치 앞도 내다보기 어려운 세상이라, 앞으로 나에게 닥칠 몇 십 년의 일들을 준비하는 것이 쉽지는 않을 것이다. 하지만 미래에 대한 계획을 세운 자와 없는 자의 차이는 시간이 흐를수록 하늘과 땅처럼 벌어질 것이다.

변액보험을 통한 재테크에 성공한 고객들도 의외로 많다. 변액보험은 은행의 저금리와 주식 투자의 위험성에 대한 고민을 한결 가볍게 해준다. 안정적이면서도 높은 수익을 추구할 수 있기 때문이다. 하지만 목표금액 달성을 위해 꼭 갖춰야 할 것이 있다. 바로 장기적인 안목과 철저한 포트폴리오다.

② 보험재테크

외화로 보험료를 내고 외화로 보험금을 받는 외화보험도 눈여겨두자. 금리도 높은 편이고 10년 이상 유지하면 비과세 혜택까지 주어진다. 보험은 노후 대비를 위해 좋은 상품이지만 세테크 측면에서도 관심을 가져볼 만하다. 보험을 통해 위험을 보장받으면서 세금도 절약하는 것이다.

우선 두둑한 연말정산을 기대할 수 있다. 보험에 가입하면 보험료 납입에 대한 소득공제 혜택을 받을 수 있다. 보장성 보험에 가입하면 연말정산 때 연 100만 원 한도 내에서 보험료 전액을 소득공제해준다. 그만큼 세금 부과되는 소득이 줄어들어 결과적으로 세금이 줄어든다.

• 맞춤형 재테크 리모델링 재테크 트렌드 팁

① 지수연동형 상품을 이용하라

새로운 투자대안으로 떠오르고 있는 지수연동형 상품으로

투자가 용이하다. ETF는 주가지수의 움직임을 가격에 반영하도록 설계해 지수의 변화에 따라 가격이 등락한다. 주식 시장 전체 또는 특정업종의 상황이 수익률을 좌지우지하기 때문에 개별종목에 투자할 때보다 가격변동성이 낮다. 상대적으로 안정성이 높다는 의미이다. 개별종목에 투자하기 위해 들여야 하는 시간과 노력에 비해 시장의 방향성에 대한 판단만 하면 되기 때문에 투자 판단 역시 쉽다.

② 선물환 계약을 통해 투자원금을 지켜라

해외펀드에 가입했다면 사전에 선물환 계약을 통해 환차손을 줄일 수 있다. 달러 기준으로 높은 수익률을 내더라도 환율이 떨어지면 원화 환전에 따라 손해가 불가피하다. 가령 해외펀드에 1만 달러를 투자할 때 900원에 선물환 계약을 체결하면 1년 후 환율이 800원대로 급락해도 달러당 900원을 돌려받는다. 이처럼 선물환 계약으로 환헤지를 해두면 환율 하락에 상관없이 투자원금은 지킬 수 있다.

③ 13월의 보너스를 받는 법

연금저축은 현재 은행, 증권사, 보험사에서 각각 연금저축신탁, 연금저축펀드, 연금저축보험 형태로 판매되고 있다. 개인형퇴직연금(IRP)의 세액공제 한도는 연간 700만 원이다. 이는 연금저축 세액공제 한도를 합산한 금액이다. 개인연금의 연간 세액공제 한도인 400만 원을 연금저축에 납입했다면 IRP는 납입액 중 300만 원까지 세액공제 된다. 만약 연금저축에 가입하지 않았다면 IRP에만 700만 원을 납입해 세액공제를 받을 수 있다.

개인연금(IRP포함)의 1인당 예치한도는 연간 1,800만 원이다. 공제한도 700만 원을 초과한 납입액은 다음 연도로 이월하여 세액공제를 받을 수 있다. 예를 들어, 연소득이 4,000만 원인 근로자가 연금저축 400만 원과 IRP 300만 원을 가입한 경우 세액공제율은 16.5%를 적용받아 연금저축으로 절세되는 금액은 66만 원이고, IRP에서 절세되는 금액은 49만 5,000원이므로 합해서 115만 5,000원이 된다.

연금저축 세액공제는 근로자의 경우 매년 연말정산에서 공제된다. 소득세는 매년 1월 1일~12월 31일까지의 소득에 대한 세금이며, 해당 년도에 납입한 금액에 대한 세액공제 된다.

보장성보험에 가입하면 연간 100만 원까지 12%의 세액공제를 받을 수 있다. 현재 실손보험에 연간 72만 원을 내고 있으니 월 3만 원 정도의 보장성보험에 가입하면 한도를 채울 수 있다. 주택청약종합저축은 연간 최대 납입금액 240만 원에 대해 40%를 소득공제해주기 때문에 여력이 된다면 15만 원을 추가 납입하면 된다. 과세표준 1,200~4,600만 원의 근로자인 경우 연 240만 원을 납입하면 15만 8,400원의 세금이 절약된다.

④ 가장 중요한 원칙, '중위험, 중수익' 투자

중위험, 중수익 투자란 수익이 높은 대신 위험성도 높은 투자 형태와 예·적금처럼 위험성이 낮은 대신 수익도 낮은 투자 형태의 중간 형태를 말한다.

하지만 어떤 상품에 얼마나 자산을 할애해야 이런 식의 투자가 가능한지 잘 모른다. 그래서 예·적금 이외의 상품에 관심을 갖지 않거나 고수익을 노리고 주식, 주식형 펀드 같은 위험성 높은 투자대상에 자산을 올인하는 경우가 많다.

5
장

부자의 통장에는
부동산 수입이 있다

부동산으로 통장을 불린 부자들의 비밀

•••

지난 수년 동안 부자 고객들에게 금융상담을 하면서 깨달은 것이 하나 있다. 부자가 되는 방법은 다양하지만 재산을 불리는 데 부동산 투자가 큰 역할을 한다는 점이다.

부동산 부자들은 끊임없이 부동산 트렌드를 익히고 전문가의 의견을 최대한 활용하며 빠르게 판단하고 빠르게 움직인다. 그래서 종잣돈이 있는 지인들에게 부동산 부자들을 따라하면 부자가 될 수 있다고 알려줬더니, 나에게 그 정보를 얻으려 식사를 함께 하자고 조르기도 한다.

최근 박사 논문 준비를 위해 부동산 자산이 많은 PB 고객들을 심층 인터뷰했다. 그들의 이야기를 통해 나는 부동산 부자들이 어떻게 부를 이루었는지 알 수 있었다.

• 하나, 부동산 멘토가 있다

고객들에게 부동산에 대해 조언을 하기 위해서는 금융인들도 공부를 해야 한다. 앞서 말했듯 나 역시 주말마다 부동산 스터디 모임을 나가고 있다. 이 모임에는 우리를 지도해주는 멘토 두 분이 있다. 한 분은 부동산의 실물 현장 위주의 고수이고 한 분은 이론을 강의해준다.

부동산 공부는 혼자 하기 힘들다. 그래서 부동산 인맥을 넓히는 게 중요하다. 여러 사회활동을 하며 대인 관계를 무조건 형성하기보다는 부동산을 잘 아는 사람, 투자를 잘하는 사람들과 인연을 맺고 안목을 넓힐 수 있는 생생한 경험담을 듣는 게 좋다. 지속적인 투자로 현금 흐름을 만들 수 있는 지역을 분석할 줄 아는 부동산 코치가 필요하다는 것이다.

한 명의 지혜보다 열 명의 지혜가 힘이 되는 통섭의 시대라지만, 부동산 투자에서만큼은 어설픈 열 명의 전문가보다 제대로 된 전문가 한 명의 조언이 낫다. 여러 명에게 조언을 듣는 것은 오히려 역효과가 날 수 있다. 바람직한 멘토는 사심이 없어야 한다. 그리고 그 분야에서 최고의 전문가여야 한다. 이론과 실전을 겸비한 제대로 된 멘토만이 평생 든든한 조력자가 되어줄 수 있다.

부동산 부자들 역시 매입이나 부동산 경매 등, 투자를 처음 시작했을 때 조언을 구할 사람이 없어 많이 힘들었다고 한다. 물건 분석을 할 때도, 현장답사와 명도를 할 때도 조언을 구할 곳이 없어서 고생을 많이 했단다. 그들은 수많은 실수와 시행착오를 겪으며 경험을 쌓았다. 하지만 똑같이 어렵고 외로운 길을 걸을 필요는 없다. 어렵거나 잘 모르는 게 있을 때 언제든지 물어볼 수 있는 멘토를 만들기를 조언한다.

• 둘, 좋은 부동산을 싸게 사는 법, 현찰의 힘

우리 지점과 협력하는 공인중개사 한 분이 알려준 사례다. 어느 날, 아는 분이 100억 원짜리 물건을 70억 원에 살 수 있게 도와준다면 커미션으로 5억 원을 주겠다는 제안을 했다고 한다. 승낙하고 물건을 검토해보니, 시세가 100억 원이 아닌, 70억 원인 물건이었다. 매도자는 매수자가 당연히 깎을 것을 예상하고 100억 원에 물건을 내놓았던 것이다. 공인중개사는 매도자의 대리인을 만나 매수 의사를 전달하며 가격을 조절해줄 것을 당부했다. 처음에는 응답이 없었으나, 몇 개월 공을 들인 결과 70억 원까지 매도 금액이 내려왔다.

이후에 매매 당사자 간의 만남을 주선했고, 그 자리에 현찰 10억 원을 들고 나갔다. 협상 테이블에 놓인 현금 10억 원을 보게 되면 매도인은 혹할 수밖에 없다. 결국 그 부동산은 62억 원에 매매가 성사되었다. 현금을 보여준 것만으로 그 자리에서 8억 원을 더 깎을 수 있었던 것이다.

부동산은 공산품처럼 소비자 가격이 명시돼 있지 않다. 그렇다고 공시지가 혹은 감정평가 금액이 절대적이지도 않다. 말 그대로 부르는 게 값이고 깎는 게 값인 것이다. 즉, 심리전에서 승리하는 사람만이 원하는 가격에 매매를 성사시킬 수 있다는 얘기다.

애초 100억 원에 나온 부동산을 62억 원에 매수했다면 매수자 입장에선 앉은 자리에서 38억 원을 벌고 들어간 셈이라 큰 이득이다. 그리고 매도인도 본 가격인 70억 원인 물건에서 최소 금액은 받았기 때문에 쌍방이 만족하는 거래가 된다. 이 거래에 가장 큰 역할을 한 것은 중개사도 매수인도 아닌 바로 현금이다. 현금 자체가 매수인의 신용이고 매수인의 확고한 의지를 증명하는 도구가 된다.

• 셋, 부동산 중개업자와 친하게 지내라

부동산 투자는 복잡한 법적, 행정적 규제가 얽혀 있어서 투자를 하려면 지식과 경험이 함께 어우러져야 한다. 아울러 정책 변화에도 세심한 관심을 기울여야 한다. 그러므로 혼자 힘들이지 말고 집 근처에 있는 부동산 중개업소를 찾아가보자.

부동산 중개업자들이 어떻게 말을 바꾸고 행동하느냐에 따라 시장 분위기와 매물 가격이 달라진다. 부동산 중개업자에게 별 볼일 없는 물건을 가치 있게 만들고, 양질의 물건을 하찮은 매물로 전락시키는 일은 식은 죽 먹기다. 투자를 하는 데 있어 중개업자가 실세 아닌 실세 역할을 하고 있으니, 최대한 친하게 지내는 것이 좋다. 리스크를 줄이고 성공적인 투자를 하기 위해 그들을 곁에 둘 수밖에 없다.

다만, 부동산 중개업자를 만날 때, 투자자로서 충분한 자금을 보유하고 있는 것처럼 보여야 한다. 말투나 차림새를 통해 소위 '가진 티'를 내야만 한다. 투자를 할 여력이 안 되는 사람이라고 생각되면 부동산 중개업자들은 쳐다보지도 않는다.

선불리 부동산 관련 지식을 늘어놓거나 다른 중개업소와 비교를 해서도 안 된다. 뭔가 아는 듯 행동하고, 다른 중개업소에 방문했다는 뉘앙스를 풍기면 중개업자들은 말을 아낀다. 부동산과 관련된 것이 아닌 평범하고 친근한 소재로 접근하는 것도 나쁘지 않다. 사람이란 모름지기 뚜렷한 목적을 가지고 접근하는 상대에게 거부감을 느끼기 마련이다. 중개업자와 어느 정도 친분이 있는 사람과 함께 업소를 방문하는 것도 좋다.

• 넷, 100:10:3:1의 법칙

부동산은 시간의 흐름에 따라 가격과 가치가 오르면 올랐지 떨어지지는 않는다. 부동산 투자를 하기 위해서는 다음과 같은 절차를 따를 것을 권한다. 관심 부동산 100곳을 둘러보고 10곳에 제안서를 보내고, 그중에 3곳을 골라 자금조달 방법을 알아보고, 마지막으로 1곳을 매입한다. 이러한 100:10:3:1의 법칙이 부동산의 법칙이다. 이는 전 세계 어디에서나 적용되는 부동산 법칙이기도 하다.

• 다섯, 진정한 부동산 부자는 부동산과 삶을 같이한다

부동산으로 돈을 버는 데 필요한 최소한의 3요소는 종잣돈, 정보, 타이밍이다. 이러한 요소를 적절하게 사용한 부자들의 부동산 재테크의 기본은 아파트였다. 강남이 개발되면서 아파트는 재산목록 1순위였다. 부자들은 때를 놓치지 않고 좋은 정보와 타이밍을 통해 아파트로 부의 기반을 마련할 수가 있었다.

부자의 특징 중의 하나는 대부분 자산의 80% 이상을 부동산에 투자했다는 점이다. 그만큼 부자들은 부동산을 신뢰한다. 그들은 좋은 부동산은 폭락하지 않고, 깡통이 될 가능성이 낮다는 것을 잘 안다. 목돈이 목돈을 불려주는 원리를 부동산에서 배웠기 때문이다.

누구나 부자가 되기를 원하면서도 부자가 되는 지름길인 부동산는 두려워한다. 투자 금액도 크고, 괜히 잘못 시도했다가 큰 손해를 입지 않을까 하는 걱정 때문이다. 그러나 철저한 조사와 공부를 바탕으로 한 투자는 반드시 좋은 결과로 돌아온다는 점을 기억하자.

• 여섯, 마지막은 반드시 전문가와 함께

부자들은 부동산 투자를 시작할 때 꼭 부동산 전문가나 컨설턴트와 상담을 한다. 상황이 여의치 않으면 유명 부동산 정보 사이트의 유료상담 코너라도 활용한다. 고급 정보를 많이 가지고 있는 그들이지만, 계약 시에 불필요한 세금 및 법률문제를 차단하기 위해 상담을 받는 것이다.

자금조달이 은행에서 가능한 규모의 마음에 드는 부동산을 포착하면 부동산을 평가하고 흥정하는 법, 저렴한 비용으로 부동산 가치를 끌어올리는 법을 터득하는 것이 부동산 재테크를 위한 표준 수순이다. 하지만 부자들은 마지막에 반드시 전문가를 만난다. 모든 일에 신중을 기하는 그들만의 특징이라 할 수 있다.

수익형 부동산으로 월급통장만 다섯 개, 임대사업자 A

• • •

국내 부동산 전세 시장에 변화의 바람이 불고 있다. 네 가구 중 한 곳이 월세로 살고 있고, 최근 3년 전부터는 부동산 거래 중 절반을 월세가 차지하고 있다.

과거 예금 금리가 높았던 시절에는 전세금을 받아 예금만 해도 충분히 수익률을 올릴 수 있었다. 하지만 물가 상승률을 반영한다면 마이너스 금리에 가까운 요즘 상황에서 전세를 통한 수익은 무의미해졌다. 여기에 천정부지로 올라가는 전셋값을 감당하지 못해 월세로 전환하는 사람들이 늘고 있다. 게다가 부동산을 소유하고 있던 베이비붐 1세대의 은퇴가 시작됐고, 그들은 생활비 확보를 위해 전세를 월세로 바꾸기 시작했다.

정부도 이러한 부동산 시장의 변화에 발맞춰 월세 소득 공제를 확대하는 등 월세 시대에 대비하기 위한 다양한 정책을 마련하고 있다. 부동산에 투자해 시세 이익을 크게 얻는 시대는 지났고 이제는 지키고 관리하여 임대 수익을 얻는 수익형 부동산 시대로 바뀌고 있는 것이다.

압구정동 지점 VIP고객인 임대사업가 A는 월급통장이 다섯 개다. A고객은 적게는 수십만 원에서 많게는 월급의 몇 배에 해당하는 월세가 꼬박꼬박 들어오는 통장을 다섯 개나 가진 숨은 재테크 고수이다. 그는 월세를 통해 금전적 여유와 마음의 여유 그리고 노후 대비까지 해결했다.

A고객도 수익형 부동산에 투자하기 전까지는 돈 걱정이 끊이지 않던 평범한 직장인이었다. 하지만 소액으로 투자할 수 있는 수익형 부동산에 대해 꾸준히 공부하고 발품을 팔아 결국 제2의 월급 통장을 만들었다. 저금리, 저성장 시대에는 월세의 가치가 생각보다 높다. 월세 1,000만 원은 연 1.5%의 정기예금으로 따지면 약 50억 원의 가치를 가진다.

대부분 월세를 받는 사람들이 모두 큰 건물을 소유하거나, 집을 몇 채씩이나 가진 부자라고 생각한다.

그는 어떻게 평범한 직장인에서 월급 통장을 다섯 개나 가진 부자가 될 수 있었을까? 그는 오피스텔, 빌라, 상가 등 각각의 유형에 맞는 투자 방법과 전략, 노하우가 있다면 누구나 쉽게 수익형 부동산에 투자할 수 있다고 말한다.

• 하나, 오피스텔은 월세 부자로 나아가는 첫걸음이다

① 오피스텔 투자 목적은 기본적으로 월세수입을 통한 운영 수익이다.

부동산을 통한 인한 투자수익의 종류는 크게 처분수익(저본 이득)과 운영수익 두 가지다. 시세차익이란 매수시점의 가격과 매도시점의 가격 차이를 수익으로 하는 방법이고, 운영수익이란 매월 임차인으로부터 월차임을 받는 수익방법이다.

처분수익은 토지 매입 후 형질이나 용도의 변경을 통해 그 효용을 높이거나, 재개발, 재건축 등 정비사업이나 기타 개발 등 투자수요 증대에 따른 가격상승, 일반적으로는 아파트나 빌라의 갭투자 등을 통해 발생할 수 있다.

오피스텔이나 상가, 단독, 다가구, 다세대 형태의 원룸 등은 운영수익을 목적으로 하는 부동산으로 2000년도 후반부터 시세차익을 동시에 누리기가 사실상 어려워졌다. 운영수익은 결국 연 수익률로 귀결되고 그 수익률은 금리적으로 투자자의 기대치에 부합하여야 하는데, 부동산을 통한 운영수익의 경우 매입원가, 즉 분양가격이나 매매가격이 많이 오르면서 일정 정도의 월세수익률 이외에 시세차익을 실현하기가 만만치 않아졌다.

매입원가는 수익률 계산 시 분모에 해당하므로 매입원가가 상승하면 수익률은 낮아지게 되는데 매도인이 가격을 올려 시세차익을 시도할 경우 매수인 입장에서의 수익률은 낮아져 매입을 꺼려하게 된다. 이를 환가(매매가격)와 환원율(수익률)의 상관관계라 한다.

서울에서 가장 높은 오피스텔 수익률을 보이고 있는 강북구, 동대문구 등의 경우 평균 수익률은 5.6%이고, 강남권역은 평균 4%이다. 물론 수도권이나 지방의 경우 6~8% 이상의 수익률을 올릴 수 있는 지역도 있으나 매수수요가 적어 거래빈도는 크지 않다. 그러므로 오피스텔을 구매할 경우 그 기본적인 목적은 운영수익으로 하되, 매입원가가 낮을 경우만 그 시세차익을 기대할 수 있다는 것을 명심해야 한다.

② 초역세권보다는 일정한 거리가 있는 오피스텔 수익률이 안정적이다.

임대차의 형태는 전세와 월세로 나눌 수 있다. 전세가격이 천정부지로 상승하면서 전세계약도 반전세(반월세)로 그 형태가 전환되고 있다.

전세가격이 오르는 지역이나, 주변에 많은 공급량에도 불구하고 월세가격이 일정수준을 유지하고 있는 지역이 오피스텔 투자에 유리하다. 지속적인 임차수요의 유입은 부동산 투자지역을 결정하는 데 중요한 요소이다. 역세권이나 대학가 주변 등은 현재 토지가격이 높아 공급이 정체되어 가고 있으며, 토지가격이 낮은 저층주거단지 인근은 공급이 많아 공실의 위험이 크다.

보통의 경우 역세권은 토지원가가 높아 오피스텔의 공급가격도 높으며 이에 따라 수익률도 낮다. 반대로 저층주거단지에 위치한 월세부동산은 수익률은 높으나 공실이 빈번하여 전체 수익률을 유지하기가 어렵다. 그러므로 초역세권보다는 지하철 출구에서 7분 정도의 지역이 매입원가 대비 수익률도 높고, 비교적 안정적이다.

③ 레버리지의 함정을 조심하라.

타인의 자본을 차입하지 않고 순수하게 자기자본만으로 부동산을 매입하는 경우의 수익률을 '총자본 기대수익률'이라 한다.

타인의 자본을 차입하는 경우는 두 가지이다. 자기자본이 매입가격에 미치지 못해 빌려오는 경우, 또는 금리차를 이용하여 수익률을 극대화하기 위한 방법의 하나로 선택하는 경우이다.

둘 중 어떤 경우든 차입의 대가로 지불하는 이자율이 기존 기대수익률보다 높거나 높아질 경우 결과적으로 수익률이 떨어지는 결과를 낳게 되는데 이것을 레버리지의 함정이라고 한다. 은행 등에서 자본을 차입할 때 지불하는 이자율은 빌려주는 쪽에서는 수익률이며, 이를 '저당수익률'이라고 한다. 저당수익률이 기대수익률보다 높으면 반드시 효용이 떨어진다.

예를 들어보자. A씨는 월세를 받는 목적으로 초역세권 오피스텔을 매입하기로 결정했다. 분양가격은 2억 4,000만 원, 예상되는 임대료는 월 100만 원이다. 연 1,200만 원 수익을 매매가 2억 4,000만 원으로 계산하면 수익률은 5%이다.

이때 은행의 금리가 5% 이하라면, 금융적으로 대출을 활용하는 것이 좋지만, 대출금리가 5% 이상이라면 결국 대출을 일으킬 경우 전체 수익률은 낮아지게 되는 결과를 가져온다.

또한 향후 금융권의 대출 금리가 높아질 경우 수익률에 큰 영향을 미칠 수 있다.

④ 전용면적 10평 이하가 유리하다.

오피스텔은 전용면적이 넓을수록 단위면적당 임대료가 줄어든다. 그러므로 전용면적은 10평 이하가 좋으며 수익률도 안정적이다.

⑤ 신축보다는 10년 이상의 것이 수익률이 좋다.

신축 오피스텔은 공급가격이 높아 수익률이 낮아진다. 대부분 관리가 잘 되어있기 때문에 10년 이상인 오피스텔이 월세 대비 매매가가 낮아 수익률이 높은 편이다.

⑥ 오피스텔 분양홍보물의 유혹

'연수익률 13%'라는 오피스텔 광고물은 대부분 허위이다. 분양단계에서는 미래의 월세를 예측하기 어려움에도 분양회사는 가능한 것처럼 호도하는 경우가 많고, 낮은 이율의 대출을 이용하여 레버리지를 일으킨 결과로 수익률을 가능한 것처럼 홍보한다.

대출금리가 예상보다 높거나, 대출한도가 적어지면 목표수익률을 달성하기 어려워진다. '연수익률 10% 10년 확정보장'이라는 홍보문구의 진실은 이렇다.

예를 들어, 매매가 1억의 오피스텔을 분양한다고 할 때, 인근 시세는 60만 원임에도 불구하고 시행사에서는 85만 원을 주장하며, 실제 분양자에게 월 85만 원을 지급하여 연수익률을 10%에 맞춘다. 이때 임대차 계약은 분양사가 아닌 임대관리회사와 하게 되며 시세인 60만 원 이상의 금액, 즉 초과하는 25만 원을 분양사에서 보조해주는 구조이다.

이 경우 임대회사와의 계약기간 2년이 만료되는 시점에 월세는 다시 60만 원으로 내려가게 된다. '10년 확정'을 약속하는 광고 또한 임대관리회사가 부도를 내거나 사라지면 낭패다. 분양사가 임대확정계약을 한 것이 아니라 임대회사가 한 것이기 때문에 수분양자는 하소연할 곳이 없다. 그러므로 오피스텔 같은 수익형 부동산은 인근의 임대시세를 정확하게 파악하는 것이 무엇보다 중요하다.

• 둘, 적은 금액으로 시작하는 빌라 투자

빌라는 수요가 꾸준히 늘면서 최근 좋은 투자처로 주목받고 있다. 빌라는 오피스텔보다 초기 투자액이 저렴하고, 임대 경쟁도 심하지 않아 안정적인 수익을 올릴 수 있지만 수요가 일정하지 않다는 단점이 있었다. 그러나 전세금이 상승하면서 빌라 임대에 대한 수요가 점점 더 늘자 빌라 투자의 인기가 날로 높아지고 있다.

빌라는 서민형 주택이므로 월세 부담을 최대한 줄이려는 사람들이 선호한다. 또한 1인 가구보다 2인 이상 가구가 빌라에 눈길을 둔다. 수익률 면에서 보자면 오피스텔은 새 것일수록 좋지만 빌라는 약간 오래됐더라도 넓고 쾌적하면 큰 무리 없이 수익을 낼 수 있다. 빌라 세입자들은 어떤 사람들이고, 이들은 어떤 빌라를 살기 좋다고 생각하는지 차근차근 따질 필요가 있다.

① 방 개수에 따른 빌라 투자 구분

투자의 목적에 따라 빌라는 빌라의 투자선택이 달라진다. 월세를 받는 수익형 투자가 목적일 경우 원룸형을 선택해야 하고, 투룸은 역세권일 경우에만 월세투자가 가능하다. 방 3개 이상의 빌라는 주로 전세를 낀 갭투자의 대상이다.

② 시세차익을 위한 빌라투자

시세차익을 남기기 위한 빌라투자는 두 가지로 나뉜다. 하나는 갭투자이고, 또 하나는 재개발 지역 내의 입주권 투자이다.

갭투자는 매매가 대비 전세가 비율이 높은 지역에서 소액을 투자하여 전세가격이 오르면서 동반 상승하는 매매가격에 의해 수익을 남기는 것으로 인근에 대규모 정비사업으로 인한 이주수요가 예상되어 있는 곳이 유리하다. 전세가격이 상승하고 그에 따라 매매가격도 상승하기 때문이다.

재개발 예정지역의 빌라투자는 대지지분이 작을수록 유리하고, 사업초기에 매입하여 사업시행인가 전에 매도하는 것이 효율적이다. 또한 주택공시가격이 비교적 높은 것이 추후 권리가액에서 유리하다.

③ 신축이 유리하다

아파트는 내용연수가 길지만 빌라는 감가상각이 빠르고 짧다. 그러므로 준공된 지 3년 이내의 빌라에 투자하는 것이 추후 매도하는 데 수월하다.

• 셋, 수익형 부동산의 꽃, 상가

고객 B가 보유한 상가는 대로변에 입지해 있어 가시성이 우수했다. 그리고 주변에 중대형 금융권 임차인들이 점차적으로 입점하고 있었다. 그는 자신이 보유한 상가의 가장 적합한 임차인이 은행이라고 판단하고 몇 군데 중대형 은행에 입점 문의를 했다. 하지만 가시성은 우수하나 접근성이 떨어지기 때문에 입점하기 곤란하다는 답변을 듣고 고민에 빠졌다.

그는 고민 끝에 보유 상가의 매장 앞에 버스 정류장을 유치하기로 결심했다. 그러기 위해서 교통 관련 컨설팅 업체를 통해 주변 교통현황 및 유동인구와 상주인구를 파악한 후 구청에 버스정류장 설치를 제안했다. 더불어 입주민들을 대상으로 설문조사를 실시해 실거주자들이 버스정류장을 원하고 있다는 내용을 6개월 정도 관련 시군구청에 제안했다. 결국 지자체에서는 버스 정류장 설치를 승인해주었으며, 주변 상인들과 거주민들도 많은 혜택을 볼 수 있게 되었다.

상가는 초기 투자비용이 많이 드는 만큼 위험 부담도 크다. 상가는 장사가 목적이므로 업종에 따라 소방, 위생 등에 신경 쓰며 관리할 부분이 많다. 그렇지만 상가는 훌륭한 노후 대책이다. 다른 수익형 부동산보다 월 수익이 훨씬 높고 상가 건물을 통째로 매입할 경우 내 집 마련과 노후 대책을 한 번에 해결하는 장점도 있다.

투자타이밍의 귀재
시골의사 J원장

• • •

J원장은 현재 제주도 서귀포에서 의원을 운영하고 있다. IMF 사태가 오기 1년 전에 제주도에 병원을 개원한 그는 제주시 내에서도 구시가지에 해당하는 서사라 사거리에 있는 7층 건물을 구입하기 위해 나에게 대출자문을 구했다. 마침 내가 아는 제주도 부동산 전문가가 고객들의 심부름으로 제주도를 열심히 다니던 시절이라 의외로 쉽게 그의 제주도 투자를 도와줄 수 있었다.

나는 구시가지에 있는 건물을 인수하는 것은 내려가는 투자를 하는 것으로, 신시가지에 있는 토지를 사라고 조언했다. 728㎡의 상업용지를 추천해서 13억 원 정도에 거래가 성사되었다. 구시가지에 있는 건물은 8개 층 중에서 7개 층에서 월세가 잘 나오고 있었고 매매 예정 금액은 14억 원 정도였다. 반면 신시가지인 연동에 있는 토지는 월세가 형편없이 나오고 있었기 때문에 결단을 내리기 굉장히 어려웠다.

그러나 그 결단은 옳았다. 지금 그가 매입한 토지는 시세 44억 원 정도다. 서사라 사거리의 건물은 현재 8개 층 중 절반 이상이 비어 있다. 도시의 공동화 현상이 일어고 있는 것이다. 신도시가 주변에 생길 때 주변 상권의 변화를 유심히 지켜봐야 하는 이유이다. 이러한 신도시의 형성과 구도시의 공동화 현상은 김포에서도 한 차례 경험했다. 그래서 부동산은 사회의 변동에 민감한 지적 능력을 요구한다.

• 3억 5,000만 원 매입 아파트가 13억 8,000만 원으로

J원장은 투자에 한 번 성공했음에도, 계속해서 투자를 진행했다. 마침 병원의 규모도 커져 적당한 병원 부지도 필요했다.

상업 지역은 너무 호가가 높아서 도저히 권할 수가 없었다. 그러던 중에 주거지역 3,500㎡를 6억 2,000만 원에 판다는 정보가 있어 확인한 후에 살 것을 권유했다. 거래는 바로 성사되었다. 그로부터 2년도 되지 않아서 제주도 신공항 계획이 발표되고, 중국인들이 들어오기 시작하면서, 주거지역이 각광을 받게 되었다. 최근 25억 원에 사겠다고 하는 건축업자가 있었는데, 양도소득세를 계산해보고는 파는 것을 보류했다.

J원장은 투자 타이밍의 귀재라고 할 수 있다. 2003년에는 다 쓰러져가는 반포 3단지 아파트(59.5㎡평, 매입가 3억 6,000만 원)에

투자했다. 아무도 거들떠보지 않던 아파트였다. 재테크 좀 한다고 소문난 동료들조차 왜 지천에 널린 멀쩡한 아파트들을 놔두고 돈도 안 되는 작고 허름한 아파트에 투자하느냐고 모두들 말렸다. 그러나 그의 생각은 달랐다. 종잣돈이 부족해 새 아파트를 매입하는 것은 엄두조차 나지 않았지만, 비록 지금은 볼품없는 소형아파트지만 몇 년 후에 재건축만 된다면 분명 돈이 될 거라 확신했다.

그의 판단은 적중했다. 재건축이 끝난 현재 새 아파트(112.2㎡)로 탈바꿈했기 때문이다. 3억 5,000만 원에 매입한 아파트로 현재 무려 13억 8,000만 원의 투자 수익을 올리고 있다.

J원장은 처음 병원을 개업할 때 어렵게 시작했다. 그러나 타이밍을 적절히 파악하고 빠르게 투자한 결과, 현재 자산규모는 100억 원을 넘는다.

• 하나, 부동산의 가치는 입지가 좌우하고 부동산 투자의 성패는 타이밍이 결정한다

J원장은 부동산을 보는 안목을 키우려고 경제 신문, 경제 주간지, 부동산 재테크 세미나 참석, 관련 서적 읽기, 경매와 부실채권 전문 강의 듣기 등 기본 지식을 키웠다. 그리고 부지런히 현장을 찾아다니며 시장 조사와 시세 조사를 통해서 투자 목록을 정리했다. 그러한 노력이 확신을 가지고 부동산 매입을 결정할 수 있는 밑바탕이 되었다.

수익을 거둔 특정한 지인의 성공담이 어느 시기에나 상관없이 누구라도 '써먹을 수 있는' 투자의 원칙을 세우게 했고, 정보나 지식을 얻는 원리를 알려준 것이다. 그래서 꽤 높은 수익을 거둘 수 있는 투자처를 찾을 수 있는 안목을 기르게 했다.

부동산의 가치는 입지가 좌우하고 부동산 투자의 성패는 타이밍이 결정한다는 말이 있다. 투자에 성공하여 월세 받는 부자가 되면 좋겠지만, 초보 투자자에게는 살고 있는 집의 가치를 지키고 투자 원금을 잃지 않는 것이 우선조건이 되기도 한다. 결국 수없이 강조하지만 투자의 첫걸음은 바로 부동산을 보는 '안목'을 키우는 것이다.

돈 되는 부동산을 알아보는 안목이 있으면 월세 받는 부자가 되는 길은 멀지 않다. 현장을 매일 다녀도 보는 눈이 없으면 아무 소용이 없다. 현장답사 때도 특별한 스킬이 필요하다. 다음 세 가지 스킬을 꼭 염두에 두기 바란다.

***돈 되는 부동산을 알아보는 현장 답사 스킬**

☑ 현장의 부동산 중개소 2~3곳을 들르는 것은 기본 원칙이다.
☑ 여럿이 가기보다는 혼자 가는 것이 좋다.
☑ 자동차를 타고 가기보다는 대중교통을 이용한다. 상권의 흐름도 살펴야 상업배후지의 형태를 파악할 수 있다.

• 둘, 부동산 투자에 있어서 가장 중요한 것은 유동성이다

아파트의 가격을 예상하기 위해서는 아파트 공급보다 유동성 공급을 먼저 확인해야 한다. 시중의 유동성을 가늠하기 위한 가장 중요한 지표는 금리이다. 그 다음 중요한 것이 과거의 사례들이고, 부동산의 입지와 미래가치이다. 아파트의 공급과 수요도 중요하지만 유동성이 어떤지, 앞으로 어떻게 움직일 것인지 그 향방을 관찰하고 검토하는 것이 더욱 중요하다.

자본주의 시장에서 유동성은 금리 사이클과 밀접하게 움직이므로 시기별로 변동이 존재한다. 장기적으로 보면 자본주의 사회에서 유동성은 언제나 증가한다. 그러므로 장기적으로 돈의 가치가 떨어지고 결국 부동산 가격이 올라가는 것처럼 보이게 되는 것이다. 부동산의 가격이 결정될 때 가장 중요하게 작용되는 것 중 하나가 유동성이다. 바로 이러한 유동성의 움직임을 확인하여 부동산의 매수와 매도의 시기를 찾을 수 있다.

• 셋, 지속적인 연쇄 투자를 통해 복리효과를 창출해야 한다

부동산 투자의 핵심은 환금성과 투자 기간의 장기화를 봉쇄하여 부동산 투자의 장점인 수익성과 안정성을 극대화하는 데 있다. 투자 기간의 장기화를 막으려면 반드시 단기적으로 수익을 낼 수 있어야 하고, 그러기 위해선 지속적인 연쇄 투자를 통해 복리 효과를 창출해야만 한다.

복리 효과를 극대화하는 촉매가 바로 '빠른 시작'이다. 모든 투자원리의 복리는 얼마나 빨리 시작하느냐에 따라 수익률이 굉장히 차이난다. 그러므로 부동산 투자는 무조건 빨리 시작해야 하며 끊임없이 수익금을 재투자하는 과정을 반복해야 한다.

• 넷, 매입 시 '2:12 투자 법칙'을 적극 활용하라

집을 구입할 때는 가격 상승폭이 낮은 12월에 구입하는 게 좋고, 집을 팔 때는 가장 가격 상승폭이 큰 2월에 파는 게 유리하다. 약 20년 동안 국민은행의 주택가격지수를 토대로 전국의 평균 집값 변동률을 조사한 결과 만들어진 법칙이다. 20년 동안 집값이 가장 높은 상승률을 기록한 것은 2월이었고, 집값이 가장 낮게 기록된 것은 12월이었다. 따라서 주택을 매입하려면 12월이 좋다. 반대로 주택을 매도하려면 2월이 좋다. 상반기는 새 학기에 따른 이사 수요가 몰리는 등 주택구입의 성수기이고, 하반기는 주택구입의 비수기이기 때문이다.

주택이 비쌀 때(2월) 팔고, 저렴할 때(12월) 사는 것, 즉 '부동산 재테크 2:12 투자 법칙'은 부동산 재테크의 제1원칙이다.

• 다섯, 살 때보다 팔 때를 생각하라

부동산 값은 홍정하기 나름이다. 기존의 시가, 공시지가, 감정가격 등은 현 경제상황에서는 의미 없는 숫자일 수 있다. 현재 가치에 적정한 가격, 앞으로 가치에 알맞은 값으로 거래해야만 한다. 자신의 부동산을 팔 때도 마찬가지다. 본전 생각 때문에 우물쭈물 하는 사이에 손해는 커진다. 부동산은 살 때보다 팔 때가 문제다. 아무리 싸도 팔리지 않으면 무용지물이다. '10억 거지'라는 말은 팔리지 않는 부동산을 가지고 있는 경우를 말한다. 환금성이 떨어지는 부동산은 값이 싸기 때문에 쉽게 끌릴 수 있다. 이때를 조심해야 한다.

리모델링으로 부동산 자산을 2배 올린 부자

• • •

고객 C와 함께 허름한 삼겹살 가게에 간 적이 있다. 그는 신축, 리모델링을 잘해서 부자가 됐다. 이번에도 그는 우리가 간 허름한 삼겹살 가게를 매입해서 리모델링을 하고자 대출 상담을 했다. 그는 이런 식의 투자에 능하다. 2004년에도 저평가된 영등포구 당산 역세권의 꼬마빌딩을 37억 원에 매입했다. 각종 세금을 더하면 실구입비가 40억 원 정도 됐다. 당시 월세는 2,000만 원 정도였다. 12년이 지난 2016년, 그는 건물외관을 리모델링하고 임대료를 조정했다. 그 결과 보증금 5억에 월세 4,000만 원 정도로 임대료가 뛰었다고 한다.

현재 시장에서 많이 찾는 건물은 20억~60억 대이다. 경기 침체가 지속되는 상황에서는 의외로 이런 물건을 저렴한 가격으로 인수해 리모델링과 업종변경을 통해 가치를 증진시키면 임대료를 높일 수도 있다. 또한 공실도 줄어들어 안정적인 임대수익을 보장받게 되고, 향후 양도 시 상당한 시세 차익을 낼 수 있다.

그는 또 하자가 있다고 매입을 꺼려해 장기 매물로 나온 원룸 다가구주택을 저렴한 가격으로 매입했다. 그런 후에 목돈이 마련될 때마다 전세 보증금을 낮추고 차례차례 월세로 전환한 다음, 원룸의 월세를 시장가치만큼 인상해 임대수익률을 높였다.

• 낡은 건물은 리모델링이 핵심이다

① 리모델링 비용에 따른 효용을 계산하라.

리모델링을 하는 이유는 신축보다 비용이 적게 들어 효용이 높기 때문이다. 리모델링에 따른 예상비용과 금리를 산출하여 그로 인해 늘어날 수 있는 예상수익과 금리를 비교하여 그 효용이 현저히 높아질 경우 실행한다.

예를 들어, 토지를 담보로 1억을 대출받아 리모델링을 할 경우 리모델링에 따른 월세수익은 대출 이자보다 높아야 효용이 있는 것이 된다.

② 리모델링으로 높아질 수익률 만큼 시세차익이 가능하다.

어느 지역의 평균수익률이 5%라고 할 때, 리모델링을 통해 수익률을 7%로 올릴 수 있다면, 2%p를 매매가로 환산하면 그 금액만큼이 시세차익이 된다.

③ 리모델링 시 건축법상 적법 여부를 살펴라.

리모델링시 건축법이나 지자체의 조례로 인해 원하는 모양으로 나오지 않을 수 있다. 해당지역에서 오랫동안 설계업무를 했던 전문 건축사와 상의해야 실패하지 않는다.

④ 리모델링이 유리한 지역

연남동 경의선철길 주변 이면도로, 이태원 해밀톤호텔 뒤 이면도로, 해방촌, 서울대 입구역 샤로수길 등이 리모델링을 했을 때 유리한 지역이다.

10억 원짜리 상가주택을 사서 아무것도 안 하고 3년 후 다시 팔면 잘해야 1억 원 정도 더 받을 수 있다. 그러나 같은 건물을 1억 원을 투자해 리모델링한 뒤 팔면 3억~4억 원의 차익을 얻을 수 있다.

리모델링의 또 다른 장점은 가성비가 좋다는 것이다. 건물 신축은 부동산 매입부터 준공까지 1년쯤 걸리지만, 리모델링은 2~3개월 정도면 된다. 비용과 노력은 훨씬 덜 들이고 신축 건물이 얻는 수익의 약 80% 정도를 얻을 수 있다.

단, 리모델링 시에도 지켜야 할 원칙이 있다. 리모델링 비용은 빌딩 매입 가격의 5~10% 범위여야 한다. 매입 가격의 15%를 넘겨서는 안 된다. 20억 원짜리 건물에 1억 원 정도를 들여 외벽·화장실·복도·계단 등을 치장하여 24~25억 원에 되파는 건 어렵지 않다. 그러나 20억 건물에 5억 원을 들여 장식해 봐야 30억 원짜리밖에 되지 않는다.

• 하나, 빌딩 투자 목적과 방향성을 설정한다

고객 C는 종잣돈을 마련했어도 무조건 매물 헌팅에 나서지 않았다. 부동산 투자와 관련된 필수지식을 미처 숙지하지 못한 채 무조건 발품만 팔다보면 빌딩 시장에서 만나는 현실과 자신이 꿈꿔온 이상 간의 괴리감에 투자의욕이 꺾일 수 있기 때문이다. 그는 현실에서 만나는 매물 중 내재가치가 좋은 것을 선택하여 애정을 가지고 예쁘게 가꾸는 투자 스타일을 찾았다. 또한 왕성하게 사회활동을 하고 있는 두 아들에게 건물을 증여하겠다는 목적으로 방향성을 설정했다.

• 둘, 꼬마 빌딩, 잘 고르는 노하우

꼬마 빌딩 주변에 도로가 확보돼야 좋은 입지 조건이 된다. 가급적 차량 운행이 불편하지 않게 도로 폭이 최소 6m, 보통 8m 이상이면 좋다. 횡단보도가 해당 건물 바로 앞이나 인접해 있으면 금상첨화다. 도로 폭이 넓으며 통행량이 많으면 좋지만 통행 차량 속도가 빨라서 흘러가는 자리는 주의가 필요하며, 오히려 차량속도가 느리고 잠깐 주차도 할 수 있는 도로가 더 좋다.

다만 차량과 유동인구까지 함께 흐르는 자리는 주의가 필요하다. 유동인구 흐름이 많은 보행로도 좋지만, 단순히 눈에 보이는 유동인구가 많다고 무조건 좋다고 생각하면 큰 오산이다. 단순히 유동인구가 많은 것보다는 자신의 건물에 유입될 수 있는 유동인구가 많은 게 중요하다.

만약 차량속도나 도보속도가 지나치게 빠르고 지하철역 등 어떤 목적이 있는 유동 인구가 많다면 흘러가는 자리일 가능성이 높다. 안 그래도 바쁜 아침 출근시간에 지하철역에서 내려서 기웃거리는 사람이 많지 않을 것이고, 또 퇴근시간에 모처럼 약속이 있어서 나간 지하철역이 아니라 집에 가기 위해 내린 지하철역이라면 바로 집으로 발걸음을 옮길 가능성이 높다.

• 셋, 돈 되는 꼬마 빌딩을 만드는 것은 관리다

① 임대료 관리

임대료를 높이는 다른 방법은 임대료가 높은 업종의 임차인을 구하는 것이다. 은행, 약국, 학원, 노래방, 유흥업소 등은 다른 업종에 비해 임대료가 높은 경향이 있다.

② 건물 관리

이 업종의 임차인이 들어왔을 경우 계속 장사가 잘되어 높은 임대료를 받는다면 문제가 없지만 해당 업종이 빠져나간 후 동일한 수준의 임대료를 내는 임차인을 빨리 구하지 못할 수도 있다.

③ 공실 관리

공실 기간이 길어지는 만큼 손실이 발생하고 공실기간을 줄이기 위해 임대료가 낮은 업종을 넣으면 수익률 하락으로 이어진다. 동시에 가치도 하락한다. 예전에는 은행이 임차인으로 들어가 있으면 가장 좋은 효자 상가로 평가를 받았다. 하지만 경기둔화로 은행 통폐합이나 지점폐쇄 등 구조조정이 되면서 주변 시세보다 높은 임대료를 내던 은행 임차인이 빠져나가는 일이 많아졌다. 덕분에 수익률 하락과 매매 가격 하락으로 마음고생을 하는 임대인들이 생겼다.

• **넷, 꼬마 빌딩, 잘 파는 비결**

꼬마 빌딩은 시세차익에 대한 기대가 높은 부동산이다. 고객 C는 큰돈을 들이지 않고 꼬마 빌딩의 가치를 극대화하고 다음 투자로 넘어갈 수 있는 발판을 마련하는 방법으로 엘리베이터 설치를 꼽았다. 엘리베이터 설치 관련 자금은 은행의 시설자금대출을 이용하여 본인 자금 없이 했다.

꼬마 빌딩은 입지, 주변 환경, 대지면적, 건물상태, 임대조건 등 고려해야 할 사항이 다양하고 가격도 천차만별이다. 적은 투자 금액으로도 효율적인 전략을 통해 꼬마 빌딩 주인이 될 수도 있고, 더 잘 팔 수 있다.

• 다섯, 임차인을 적극적으로 도와라

고객 C는 건물주가 임차인의 입장이 돼서 여러 사안을 건물에 적용하는 노력과 센스가 필요하다고 강조한다. 가령, 건물 외벽에 임차인들이 간판을 달 수 있도록 공간을 마련하는 센스가 필요하다.

건물 외벽에 간판을 달면 건물에 상처가 난다는 이유로 간판을 달지 못하게 하는 게 아니라, 눈에 잘 띄는 곳에 간판을 걸 수 있도록 임차인들을 적극적으로 도와야 한다는 것이다. 또한 유리창을 리모델링할 때, 최신 트렌드에 맞는 느낌으로 바꿔주기만 해도 공실률 걱정은 하지 않아도 된다고 한다.

평택갑부 Y회장의 부동산 상속·증여 전략

•••

은행들이 비이자수익 강화의 일환으로 고액 자산가를 대상으로 한 프라이빗뱅킹(PB) 서비스에 열을 올리고 있다. 고객의 투자성향, 기대수익률 등 현재와 미래의 시각에서 종합적 자산관리를 통해 맞춤형 포트폴리오를 제공하고 PB센터 전용상품, 분야별 전문가 자문서비스, 토탈라이프 케어 등 영업점-PB센터의 공동관리 서비스를 받을 수 있다.

뿐만 아니라 고객을 위해 합리적인 세금 설계 및 절세를 고려한 금융 포트폴리오를 안내하고 부동산&상속 전문가를 통한 증여 컨설팅 서비스를 지원한다. Y회장은 평택의 부동산을 상속 증여 설계로 준비해야 한다고 의뢰를 했다.

Y회장은 가족들과 함께 평택에서 농사를 짓던 중에 1950년

6월 한국전쟁이 발발해서 부산으로 피난을 갔다. 그는 1953년 말에야 평택으로 돌아와 얼마 되지 않는 가산을 정리하고서는, 장독과 질그릇을 만드는 공장을 차렸다.

처음에는 별로 일이 없었지만 이듬해 봄에는 주야 2교대 24시간을 운영하는 공장으로 바뀌었다. 전쟁 때문에 그릇이나 장독이 다 파괴되어, 다시 사야 하는 집이 많았던 것이다. 밀려드는 주문을 감당하느라 Y회장은 수익금으로 공장을 하나 더 차릴 수밖에 없었다. 여기서 더 나아가 Y회장은 비료대리점을 차렸다. 그러고는 평택의 들에서 농사를 짓는 사람들에게 봄철에 신용으로 비료를 대여하고 가을에 곡식으로 받았다. 이렇게 밀려드는 곡식을 처리하느라고 정미소를 별도로 운영하였다. 그는 지금 세상을 떠났지만, 아들에게 상속으로 남겨진 토지만 1,000억 원가량이라고 한다.

굳이 이 이야기를 길게 하는 것은 여기서 우리가 눈여겨보아야 할 게 있어서다. 과연 Y회장은 어떻게 성공한 것일까? Y회장의 성공 비결은 바로 '사회의 변화' 그리고 이를 알아채는 '지적 능력'에 있다.

사회는 끊임없이 변하고 진화한다. 우리는 이 사회 안에 살고 있기 때문에 그 속도와 방향을 느끼지 못하지만 누군가는 이러한 '사회의 변동'을 알아차리고 그 변화로부터 유발되는 사업의 기회를 잡는다. 끊임없는 변화와 수많은 사업의 기회가 있어도 다만 우리가 모르고 지나갈 뿐인 것이다.

• 현재 경제 이슈들의 뿌리

우리나라도 어느덧 선진국의 반열에 들게 되었다. 국민의 조세부담률이 GDP의 20%를 넘어 가고 의료보험, 국민연금 등 비조세 부분을 합친 국민부담률이 25%를 넘은 지 오래다. 1962년부터 시작된 우리나라의 경제개발은 정말 눈물겹다. 당시 우리나라는 GNP가 100달러 이하인 절대 빈곤의 나라였다. 서울에 사는 사람이라면 장충체육관을 모르는 사람은 없을 것이다. 이는 당시 아시아의 강자 필리핀이 무상으로 지어준 것이다.

역사 이야기를 하려는 것이 아니다. 현재의 경제 이슈가 왜, 어떻게 생긴 것인지 그 뿌리를 잠시 알고 넘어가자는 것이다.

당시 국가의 경제발전을 도모하기 위해서는 조금이라도 능력이 있는 특정 기업 몇몇을 정부가 지원해 키워야만 했다. 민주적인 방식으로 모두에게 기회를 주어서는 외국 회사와의 경쟁에서 이길 수가 없었다. 그래서 지금의 재벌이 만들어진 것이다.

그리고 이후 이를 뒷받침하는 중견기업, 중소기업들도 많이 생겨났다. 이 기업들이 소유한 공장부지, 창고부지, 경영인이 소유한 토지 또한 상당하다. 이들이 성장하고 발전하면서, 많은 고용이 일어나고 세금도 납부하면서, 우리나라가 드디어 경제대국의 길에 들어 선 것이다.

• 명쾌한 상속 증여 서비스가 필요하다

다시 본론으로 돌아가, 지금은 80세 정도가 된 그때 그 오너들은 어떤 생각을 하고 있을까? 고생고생 끝에 이루어낸 부를 사회에 환원하고 싶을까? 대부분 자식에게 물려주고 싶겠지만 전문가도 주변에 없고, 어디에 물어도 명쾌하지 않아 시간만 보낼 뿐이다.

간혹 보험설계사가 상속 증여의 문제에 전문가로 자처하는 경우가 있지만, 대부분의 자산을 부동산 형태로 가지고 있는 자산가에게 보험설계는 본질에 닿지 못한다.

그래서 앞으로 부동산을 테마로 하는 상속 증여 서비스 폭증이 예상된다. 그 이유는 이러하다. 의뢰인은 자신의 재산을 최소의 비용(세금, 수수료, 등기비용, 용역비 등)으로 자식에게 넘기고 싶어 한다. 예를 들어 "100억 원의 자산을 이러이러한 방법으로 넘기면 75억 원 정도가 증여되고 25억 원 정도의 비용이 소요됩니다"와 같은 답변을 원하지만 돌아오는 답변은 생각과 다르다. "증여세는 30억 원이 넘으면 세율이 50%입니다" 하고 알려주니 질문과 대답이 서로 상응하지 못하는 것이다.

부동산 및 증여와 관련된 실행에는 반드시 전문가 컨설팅이 필요하다. Y회장 역시 자산의 대부분인 부동산 상속 증여를 위해 부동산 전문가, 세무전문가, PB 등 여러 금융 전문가 집단에 설계를 위임했고, 그 결과에 매우 만족하고 있다.

소형 아파트 갭투자의 여왕, 전업주부 P

• • •

고객 P는 "전업 주부가 잘할 수 있는 부업은 아파트 투자만 한 것이 없다"고 말한다. 2010년 종잣돈 5,000만 원을 들고 부동산 투자에 뛰어든 그녀는 현재 아파트만 20채를 갖고 있다. 이 아파트들을 굴려 연간 1억 원대 수익을 올리기 때문에 '억대 연봉자'나 다름없다.

내가 근무하던 테헤란 중앙 지점은 공무원연금공단과 같은 건물을 썼다. 고객 P의 남편은 공무원연금공단 직원이었는데 신용마이너스대출을 받아서 아파트를 계약하기 위해 부부가 함께 내점했다. 그 후, 시간이 흘러 P고객을 VIP룸에서 다시 볼 수 있었다.

고객 P는 지인과 함께 간 갭투자 관련 부동산 특강을 듣고 아이디어를 얻었다고 한다. 전업주부가 제일 많이 접하는 부동산이 아파트이기 때문에, 그녀는 소형 아파트를 일단 20채만 만들어보자고 생각했다. 아파트 20채를 만들면 노후 대비까지 단단히 마칠 수 있으니 인생이 상상할 수 없을 정도로 바뀔 것이라 생각했고, 덕분에 목적을 달성할 수 있었다고 한다.

그녀 역시 힘든 시절이 있었다. 전세금은 계속 올랐고, 주식투자는 계속 실패하던 시절, 이런 식으로 계속 살 수는 없다는 생각에 부동산 공부를 시작했다.

"살림과 육아를 병행하며 부동산 투자와 경제 관련 책을 미친 듯이 읽었어요" 그렇게 종잣돈을 모으기 위해 절약하는 법을 배웠고, 동네 도서관을 오가며 적은 금액으로 투자하는 법과 비용을 절감하는 방법을 공부했다.

그녀는 "부동산 투자가 적성에 잘 맞는 것 같다"면서 "공인중개사 공부를 하여 가정주부들이 내 집 마련의 꿈을 이루는 데 도움을 주고 싶다"고 말한다.

소형 아파트 투자의 여왕 P에게 부동산 투자 노하우를 들어보자.

• 하나, 돈이 모이면 실물자산에 투자한다

요즘은 은행 저축으로 계속 돈을 모으겠다고 생각하는 사람은 거의 없다. 은행은 이제 목돈을 만들어 주는 곳이 아니다. 이제 은행은 큰돈을 벌 수 있는 밑천을 빌려주는 곳으로 활용된다.

은행에 대한 인식이 완전히 바뀐 것이다.

1,000만 원대 후반의 돈이 있다면 소형 아파트를 사면 된다. 그 소형 아파트의 매매가와 전세가가 오르는 걸 보면 크게 놀랄 것이다. 은행 이자가 쥐꼬리만큼 오를 때 소형 아파트는 그 이자와 비교할 수 없을 정도로 큰 만족을 안겨준다.

금과 은이라는 실물자산 투자 수단도 있다. 하지만 리스크가 크며, 소형 아파트 투자에는 한참 미치지 못한다. 지금까지 소형 아파트만큼 좋은 실물자산은 보지 못했다는 게 P의 생각이다.

• 둘, 아파트의 최고 투자 조건은 입지

투자대상은 매매가와 전세가의 차이가 아주 작은 소형 아파트가 좋다. 특히 매매가 1억 원 이상인 대단지에 있는 소형 아파트가 좋다. 500세대 이하의 아파트 단지는 수요를 계속적으로 끌어들이기에 한계가 있다. 대단지일수록 주변에 상권이 살아 있고 학교나 학원 시설이 발달되어 있으며 교통까지 좋아서 수요가 꾸준하게 있다.

• 셋, 현물자산에 분산투자 하라

매매가 대비 전세가 비율이 월등히 높은 소형 아파트에 집중해야 한다. 또한 분산 투자에 비중을 둬야 한다. 소형 아파트에 투자할 때 어느 한 지역에만 집중하는 방법은 좋지 않다.

소형 아파트의 경우 서울에서 가격이 오르면 다음은 수도권,

***아파트 최고의 투자 조건**

- ☑ 1000세대가 넘는 대단지 아파트를 골라라.
- ☑ 학군이 좋은 지역인지 고려하라.
- ☑ 로열동, 로열층을 택하라.
- ☑ 역세권 아파트를 골라라.
- ☑ 기반시설이 잘 갖춰졌는지 확인하라.
- ☑ 성장성이 있는지 따져보라.

다음은 지방 순으로 오른다. 어느 한 지역에서만 계속 오르는 것이 아니다. 부동산은 흐름이 있기 때문에 소형 아파트를 수도권에서만 구입하거나 지방에서만 구입하는 것은 좋지 않다. 지역별로 안배해서 소형 아파트에 투자해야 한다.

투자는 '힘들게 번 소중한 돈을 통화가치 하락으로부터 지키는 행위'라고 할 수 있다. 돈의 가치가 급격히 떨어지는 상황에서는 현금보다 현물자산을 가지고 있는 것이 유리하다. 부자들은 시중에 통화량이 증가하면 채권을 비롯한 돈의 가치는 하락하고 현물자산의 가치는 상승한다는 것을 잘 알고 있다.

반면 대부분 사람은 경기가 좋지 않고 미래가 불안할수록 현금을 보유하려고 하는 심리가 강하다. 가지고 있는 돈의 가치가 계속 하락하는 것을 모른 채 열심히 돈을 모으지만, 시간이 지난 후 물가가 상승하고 집을 사려고 하면 집값은 이미 더 높이 올라가 있다. 그렇게 점점 부자와 멀어지는 것이다.

기억하라, 부자들은 때를 놓치지 않고 좋은 정보와 타이밍을 통해 아파트에 투자해 부의 기반을 마련할 수가 있었다.

• 넷, 부자가 된 주택임대 사업자들은 자기 돈으로 투자하지 않는다

저금리 시대에 이자가 나오면 얼마나 나오겠는가.

1억을 빌려봐야 한 달 이자가 30만 원이다. 나라면 그 돈으로 소형 아파트 여섯 채는 살 것이다. 그렇게 사놓으면 대출 이자는 세입자가 갚고, 그보다 훨씬 많은 현금이 나에게 들어온다. 마음 놓고 대출을 받자.

대부분의 서민들이 열심히 일하면서도 돈에 허덕일 때 부자들은 레버리지 효과를 이용해 거대한 돈을 벌고 있다. 이러한 시스템을 만들어 놓고 경제적 시간적 자유를 갖는 것이다. 그게 바로 부자다.

주택임대 사업자가 되면 재산세를 절반 가까이 줄일 수 있고, 종합부동산세는 한 푼도 내지 않는다. 나중에는 양도소득세도 많이 줄어든다. 부동산으로 큰 부자가 될 생각이라면 주택임대사업자로 등록하여 은행 대출을 현명하게 활용하자.

• 다섯, 부동산 투자는 환금성과 현금흐름이 가장 중요하다

필요할 때 부동산을 돈으로 바꾸지 못한다면, 빌라와 다세대

주택 수백 채를 가지고 있어도 소용이 없다. 저렴한 소형 아파트는 끊임없는 수요층으로 가격이 오를 확률이 높으니 투자를 하기에 제격이다. 매매가가 물가상승률만큼 계속 오르면서 전세가도 같이 오른 아파트, 동시에 매매가와 전세가의 차이가 항상 작은 아파트가 바로 수도권의 투자대상임을 알아야 한다. 서울과 수도권에 이런 아파트가 있다면 지방 그 어느 아파트보다 매력적인 투자대상일 것이다.

소형 아파트를 샀다가 몇 년 뒤에 팔거나 해서 시세 차익을 챙기는 투자를 말하는 게 아닌, 투자자에게 현금을 만들어 주는 투자를 말하는 것이다.

핵심은 현금 흐름이다. 현금 흐름이 끊이지 않는 구조를 갖춘 투자자는 부동산 시장은 죽었다고 말하는 뉴스에 휘둘리지 않는다. 부동산 시장이 죽어도 임대, 즉 전세는 계속 오를 수밖에 없다. 전세로 아파트를 빌려준 투자자는 시간이 아무리 지나도 세입자에게는 가장 중요한 존재일 수밖에 없다.

P씨가 처음 강의를 들을 때, 강사가 이런 말을 했다고 한다.
"소형 아파트 한 채가 두 채가 되고, 두 채가 네 채가 되고, 네 채가 여덟 채가 된다."

P씨는 아파트 한 채에서 시작하여 불과 5년 만에 20여 채를 만들었다. 아파트 100채를 가진 모습을 상상해 보라. 얼마나 가슴 벅찬가? 아파트 100채를 지닌 거대한 부동산 부자가 돼라. 남들처럼 안 된다, 힘들다, 어렵다고 핑계 대지 말자.

부자들은 항상 움직인다. 어떻게 돈을 굴려야 할지 항상 움직이고 생각하는 것이 습관화되어 행동으로 옮겨야 돈이 불어나는 것이다. 부자가 되지 못하는 사람은 재테크 정보를 찾고 고민하지만, 실천에 옮기는 시점을 알지 못해 타이밍을 놓치는 경우가 많다는 것을 염두에 두자.

무일푼으로 시작한 경매로 제2의 삶을 사는 자산가 C

• • •

부드러운 인상의 단아한 60대의 자산가를 경매전문법인 K 대표의 소개로 만났다. K 대표의 코칭으로 무일푼에서 경매로 부자가 되신 분이라며 소개해줬다. 굉장히 부드러운 인상을 가지셨기에, 경매를 한다는 말이 의심스러울 정도였다.

경매는 현장을 파헤쳐야 하고, 낙찰 후에는 불편한 명도를 해야 하기 때문에 꽤 거친 분야이다. 그분은 건설회사로 성공을 이루고 사회적으로 기반까지 다졌던 분이다. 그러나 한순간 어려운 상황에 놓여 자살까지 생각하셨다고 한다. 자산이 0원인 상태에서 새로 시작할 수 있는 일이 무엇일지 고민했던 그는 경매를 선택했다.

기존의 건설회사는 건축공사를 하는 회사로서 부동산 투자와는 거리가 있었지만, 오랜 세월 동안 경험으로 터득한 건축과 사람관계의 노하우가 도움이 될 것 같았다고 그는 생각했다.

그러나 경매와 부동산 투자는 건축과는 다른 분야였다. 경매에 대하여 전혀 무지했던 그는 경매 강의를 듣기로 마음먹고 지인에게 강의비 수십만 원을 빌려 공부를 시작했다. 그는 경매 강의가 끝난 후 이어지는 강사와 수강생들의 모임에 열정적으로 참가했고, 항상 총무나 회장을 맡았다고 한다.

사적인 자리를 통해 강의 외의 소중한 실무 지식을 열심히 배웠고 경매에 대한 확신이 들 무렵, 또 다시 돈을 빌려 다른 강사의 강의를 듣고 다시 모임에 참석했다고 한다. 이렇게 쌓은 실력과 인맥이 경매 성공의 단초가 되었다고 그는 이야기한다.

• 작은 상가부터 시작한 빌딩과 호텔 경매

그는 상권을 미친 듯이 돌아다니고 분석했다. 그래서 돈을 빌려 작은 상가를 낙찰 받아 자산을 불리기 시작했다. 지금 그는 자타가 공인하는 상가 전문가다. 그는 상가에 눈을 뜨자 더 큰 수익이 보이는 모텔 경매를 시작했다.

첫 번째 낙찰 받은 모텔은 그렇게 좋은 물건은 아니었지만 대출을 활용하여 최소의 투자금으로 매입했다. 그 후 모텔을 살리기 위한 노력을 거듭했고, 결국 모텔 관리 실무자를 넘어서는 관리 능력과 영업 노하우를 가지게 됐다고 한다.

그 다음부터는 안목이 생겨 낙찰 받는 호텔과 모텔마다 잘 운영하게 됐다. 이러한 성공 뒤에는 100곳이 넘는 모텔을 무작정 찾아가 운영 방법과 관리에 대한 노하우를 배우는 열정과 노력이 있었다고 한다.

그는 현재 다섯 개의 호텔과 여러 빌딩을 가진 자산가가 됐다. 무작정 고수를 쫓아다니며 경매를 공부하기 시작한 지 8년 만의 일이다. 그는 이제 토지 경매 시장에 뛰어들기 위해 또다시 공부 중이라고 한다. 역시 자수성가한 자산가들만이 가진 뚝심이나 열정은 남다른 것 같다. 다시 그의 얼굴을 보았을 때 편안하고 인자한 외모 뒤로 강인한 무언가가 느껴졌다.

경매전문 법인 K 대표도 유년 시절부터 부자를 꿈꾸었지만 부자는커녕 단돈 10만 원도 마음 편히 쓸 수 없었단다. 경매를 통해 1년 만에 연봉의 70%를 벌어들인 후 지금까지 10여 년 동안 500여 건의 경매를 경험했고, 300건의 낙찰을 받았다. 그 뒤, 재테크를 생각하는 직장인, 아이들과 노후를 걱정하는 부모님까지 우리나라 보통 사람들이 부자가 될 수 있는 최고의 재테크 방법을 알려주기 위해 사무실에서 특강을 진행하고 있다.

• 하나, 불황기 부자 되는 법은 타이밍이다

부동산 시장으로 많은 사람들이 힘들어하는 요즘 이때를 호기로 보고 기뻐하는 사람들이 있다. 바로 부동산 부자들이다. 부동산 시장이 요동친다면 나라의 경제 또한 요동치기 마련이다. 결국 경매 매물들이 활발하게 움직이기 때문이다. 그렇다면 부동산 경매는 과연 돈 있는 사람만을 위한 재테크일까?

• 둘, 부자 경매, 많은 자금이 필요하지 않다

K 대표는 유년시절부터 부자를 꿈꾸었지만 중 고등학교 시절과 대학교까지 아르바이트를 하고 월급을 모으고 또 모아도 단돈 10만 원도 마음 편히 쓰지 못했다. 그동안 모은 적은 자금으로 경매 한 번에 연봉의 70%를 벌면서 많은 자금이 없어도 돈을 벌 수 있는 부동산 경매에 눈을 뜨게 되었다.

• 셋, 가장 안전한 재테크 방법은 부동산 경매다

부동산이란 나라 경제의 지표이다. 부동산의 활성화가 나라 경제 활성화와 세 수익에 지대한 영향을 미치게 된다. 그렇기 때문에 정부는 항상 부동산을 활성화시키기 위해 노력한다. 그렇기 때문에 부동산은 언제나 오르고 내리기를 반복하며 일정 범위 안에서 움직인다. 즉 내려가도 언젠간 다시 올라가기 때문에 손해를 볼 일이 없다는 것이다.

• 넷, 철저한 권리분석이 돈 버는 지름길이다

부동산으로 수익을 남기기 위해 가장 중요한 것은 물건에 대한 철저한 권리분석이다. 직접 참여하여 경매진행 시 현장에서 발생한 문제들을 어떻게 해결해 나갔는지를 경매상세정보, 등기부등본, 물건내역 등 유료 경매 사이트에서 제공하는 정보들과 함께 분석해야 한다. 잊지 말자. 경매를 통해 돈을 벌고자 하는 사람들에게 가장 중요한 것은 권리분석이다.

• 다섯, 불황기 돈을 벌고 싶다면 부자경매를 시작하라

부동산 경매는 단순히 돈을 버는 재테크가 아닌 꾸준히 수익원을 창출하는 재테크 방법이다. 명도 후 매도를 통해 목돈을 벌 수도 있고, 월세나 전세를 통해 꾸준한 수입을 얻을 수도 있으며, 내가 살 집을 싼 값에 얻을 수도 있다. 여러모로 활용이 가능한 것이다. 그렇기에 이는 자연스럽게 나뿐만 아니라 내 아이들과 그 손주 등 내 후손들에게까지 물려줄 수 있는 수익원이 된다.

6
장

평생 돈 버는 통장을 만들어줄 부자마인드

1% 부자들과 네트워킹에 목숨 걸어라

1%의 네트워킹을 만들어라. 바람직한 멘토는 사심이 없어야 하며 그 분야에서 최고의 전문가여야 한다. 이론과 실전을 겸비한 멘토만이 평생 든든한 조력자가 되어줄 수 있다.

내 오래된 VVIP고객은 인맥 관리가 남다르다. 그는 단독이나 다가구 주택에 투자해 소액으로 리모델링을 해서 부자가 된 부동산 투자 전문가이다. 그는 새벽 한 시가 넘어서야 비로소 눈을 붙인다. 하루 평균 50여 통에 달하는 이메일에 일일이 답장하고 나서야 잠자리에 들기 때문이다. 그의 이런 세심한 배려가 인맥관리 비법이다.

파트너십과 네트워크를 구축하는 인맥 에너지가 운을 부르고 돈을 만든다. 부자들은 자신들만의 네트워크로 정보를 공유한다. 이런 정보는 일반 신문이나 언론에서 알려주지 않는다.

누구를 만나야 좋을지 모르겠다면, 일단 자신이 동경하는 사람이나 앞으로 이 사람처럼 되고 싶다고 여기는 롤모델을 만나 이야기를 들을 용기가 필요하다. 대화를 나누다 보면 그 위치에 도달하기까지 필요한 것, 현재 자신에게 부족한 점이 무엇인지 알 수 있다.

나머지는 각 분야의 전문가와 만날 기회를 만들어 지혜를 빌리면 된다. 동경하는 사람을 만났을 때 그 사람이 평소에 어떻게 생활하는지 물어 보는 것도 매우 중요하다. 만일 당신이 꿈꾸는 생활과 다르다면 나아가야 할 길은 따로 있을지도 모른다.

• 부자의 조건은 바로 '인맥 재테크'이다

내가 아는 부자 공인중개사 중에 '인맥의 달인'이라 불리는 분이 있다. 그는 부동산 재테크를 하다가 직면하게 되는 많은 상황들을 혼자서 처리하다 보면 많은 시행착오를 거치게 된다고 한다. 그것은 시간적으로 금전적으로도 손해일 뿐만 아니라 육체와 정신적으로도 힘들어 웬만큼 강한 정신이 아니고서는 끝까지 살아남기 힘들다고 말한다.

그는 정보 교류와 인맥이 콘텐츠를 만들어 주며, 이 콘텐츠를 계속 업그레이드하지 않으면 '타이밍'을 잡지 못하게 된다고 한다. 즉 인맥이 형성되지 못하면 투자의 리스크로 직결된다. 그가 부동산 재테크를 인맥 재테크라고 부르는 이유다.

그의 모토는 "혼자 힘으로 비즈니스의 모든 것을 해낼 수 없다. 인맥으로 승부하라!" "성공하고 싶은가? 그렇다면 친구를 가능한 많이 사귀어라"이다.

나에게 도움을 줄 수 있는 인맥을 어떻게 만들까? 풍요로운 인맥, 즉 인간관계를 맺으려면 우정, 사람들의 관심을 끄는 능력, 먼저 자신의 가치를 제공하는 자세가 필요하다. 이 자질을 갖추고 있다면 인간관계를 풍요롭게 맺을 수 있다. 이는 성공과 부를 성취할 수 있게 하고, 풍부한 삶을 이루게 한다.

그는 자신이 누구를 알고 있는가보다 누가 자신을 알고 있는지를 신경쓰라고 말한다. 그렇다. 인맥을 만들 때 중요한 것이 '누가 나를 아느냐'이다.

인맥 형성을 위해서는 자신이 전문분야에서 가치 있는 사람이 되어야 한다. 한 분야에서 가치 있는 사람이 되면 사람들이 먼저 찾아오기 때문이다. 자신만의 가치를 만들고, 막강한 인맥을 형성해 사업 그리고 인생에서 성공하자.

• 명함이 필요 없는 인간관계가 진짜 인맥이다

"언제 식사 한번 하시죠" 이 말은 우리가 의례적으로 가장 많이 주고받는 인사말일 것이다. 그러나 실제로 시간을 내어 식사자리를 마련하기는 힘들다. 서로의 일정을 맞춰야 하기 때문이다. 하지만 시간을 비우고 약속을 정하는 과정을 통해 식사자리를 만들게 되면, 꾸미고 과장하기보다는 진솔한 이야기들이 오간다. 그래서 부자는 누구와 함께 밥을 먹느냐는 문제로 늘 고민한다. 상대를 식사에 초대한다는 것은 그 사람에게 호의가 있음을 알리는 행위이기 때문이다. '누구와 같이 밥을 먹을 것인가?' 이 단순한 질문이 인맥을 만든다.

내가 참여하고 있는 한 모임의 회장님은 늘 식사 자리에 와인을 가져온다. 그는 와인이 시간과 역사를 거치면서 맛과 향을 더하듯 인맥도 시간이 더해질수록 그 가치가 올라간다고 말한다. 부자가 '명함이 필요 없는 인간관계가 진짜'라고 말하는 것도 이 때문이다. 실제로도 우리는 직접 명함을 교환한 사람보다 자신이 잘 아는 사람으로부터 소개받은 이를 더 신뢰하는 경향이 있다. 내가 스스로 홍보할 때와 타인이 나를 소개해줄 때, 둘 중 어느 경우에 더 믿음이 갈까? 당연히 후자라고 그는 말한다.

앞으로 한 곳에 머물지 않고 직업을 여러 차례 바꾸며 일하는 시대가 올 것이다. 그럴수록 명함이 필요 없는, 네트워크를 단단하게 구축한 사람이 부자가 된다. 즉, 명함을 많이 돌려 얕고 넓은 네트워크를 만들기보다 내가 배우고 싶은 사람, 함께 있으면 즐거운 사람과의 관계를 소중히 하는 것이 중요하다는 말이다.

• 이익을 위해 부자들은 끼리끼리 모인다

도산공원 앞에 건물을 가지고 있는 안 회장은 '경제 위기가 부자들에게 돈을 버는 기회'라는 이야기를 자주 한다. 일반인들이 함정에 빠져 연대의식을 상실해가고 있을 때, 부자들은 오히려 자기들의 이익을 위해 똘똘 뭉쳐 연대의식을 고취한다. 그들은 같은 처지에 있거나 같은 생각을 가진 사람들끼리 조직적으로 움직인다.

• 인맥은 대접하지 않으면 생기지 않는다

내가 근무했던 테헤란중앙지점 VIP고객 중에 강남의 고급 한정식집을 운영 중인 고객이 있다. 그녀의 한정식집에는 정·관·재계를 움직이는 사람들, 문화예술인 등 유명 인사들이 방문한다. 그녀는 왕언니라는 친숙한 별명을 가지고 있다. 그녀가 언젠가 지난 20년 동안 한정식집을 운영하면서 봐왔던 성공한 남자들 이야기를 해줬다.

성공한 남자는 어떤 사람일까? 당연히 그들은 자신의 일에 있어 프로이다. 또한 자신을 아끼며 자신을 아끼는 만큼 남을 아끼고 주위를 즐겁게 한다. 조용히 있다가도 위기 상황에는 직접 나서서 위기를 해결한다. 항상 이런 자세로 삶을 사는 건 쉽지 않다. 그들은 도를 닦는 심정으로 자신을 갈고 닦았을 것이다. 그녀는 성공한 남자들을 보면 겉모습으로 성공이 90%가 정해진다며 인맥은 대접하지 않으면 생기지 않는다고 말한다.

공부하라, 노력은 반드시 결과로 보답한다

• • •

H대표는 유통회사에서 창고정리로 사회생활을 시작했다. 창고정리 4개월 만에 영업을 시작해 가정용품 판매로 월 매출을 1억까지 올렸다. 그의 모습을 보고 1년 동안 생활비를 줄 테니 같이 부동산업계에서 일해보자는 스카우트 제안을 받아 부동산 중개를 시작했다. 기껏해야 칼, 도마를 팔다가 집을 팔려고 하니 고생도 이런 생고생이 없었다. 그러나 일산에 있는 빌라를 1년 만에 100채를 분양함으로써 첫 분양 신화가 시작됐고, 아파트형 공장 분양으로 연봉 10억의 신화를 완성했다.

1년 후에 1억 연봉을 장담해도 버티는 직원이 많지 않은 게 지금 분양 업계의 현실이다. 하지만 H대표는 자신의 노하우를 공개하면서까지 분양시장으로 많은 인재가 유입되길 기대하고 있다. 한눈팔지 않고 꾸준히만 해도 분명히 성공할 수 있는데 대부분 성공을 눈앞에 두고 나가떨어진다는 것이다.

H대표의 성공 유지법은 한결같은 노력이라고 말한다. 각자 개인의 능력이 다르고 잘할 수 있는 분야가 다르다. 모든 사람이 똑같은 능력을 갖고 있지 않다. 누구나 남보다 잘할 수 있는 분야는 존재한다. 자본주의는 상대적으로 잘할 수 있는 분야에서 자신의 능력을 발휘하며 먹고사는 시스템이다.

당신도 자신이 종사하는 분야에서 노력을 통해 무엇인가 얻었는데도 사람의 능력은 평등하다고 말할 텐가? 자신이 노력한 만큼 남들보다 앞설 수 있게 된다. 불평등은 당신을 남과 다른 존재로 만들어준다. 자본주의는 바로 그 불평등을 발판으로 돈을 버는 시스템이다. 정답을 외우는 것이 아니라 정답에 접근하는 방법을 배워야 한다. 기본 원리를 배우고 다양한 경우의 수 중에 택한 이유를 파악하고 문제에 어떤 식으로 접근하고 어떻게 적용해서 정답을 찾을지를 발견하는 게 훨씬 더 중요하다. 그는 공부하라고 한다. 그러면 반드시 결과로 돌아오는 것을 알게 될 것이라고 강조한다.

분양에 계속 성공하다 보면, 지금까지 해왔던 전단이나 현수막 홍보 같은 방법들을 하찮게 여기고, 게을러지기 쉽다. 하지만 그것이 H대표가 성공할 수 있는 견인차 역할을 했기 때문에 그는 비가 오나 눈이 오나 하루도 쉬지 않고 새벽을 깨우며 같은 일을 반복해왔다.

성공하면, 자신이 해야 할 일을 잊어버리고 성공의 단꿈에 젖기 쉬운데, H대표는 그럴 때일수록 더 열심히 공부하고 실천했다. 그는 지금도 차에 현수막과 전단을 싣고 다니며 신입 때와 마찬가지로 홍보에 열중한다.

H대표뿐 아니라 성공한 부자들은 모두 공부를 게을리 하지 않는다 .부자들의 공부에는 지식 습득뿐 아니라 사람, 돈 버는 감각 등 여러 가지가 있다.

• 사람을 알고 사람을 읽는 공부를 하라

부자가 되는 길은 사람을 아는 데 있다. 따라서 사람을 읽고 사람에게서 답을 찾아야 한다. 사람을 알고 사람을 읽는 공부를 하라.

취미생활도 일종의 투자다. 흔하지 않은 취미일수록 동지를 만나면 유대감이 생기고 더 친해질 가능성이 높다. 특별한 취미를 만들고 거기에 몰두하다 보면 새로운 인간관계가 생겨 종종 사업의 기회로 연결된다.

우리가 하는 모든 일은 결국에는 인간과 인간이 함께 만들어 내는 것이다. 인간이 어떤 심리를 갖고 행동하느냐를 파악하는 것은 돈을 벌 수 있는 가장 기초적이지만 힘든 여정의 출발점이다. 돈을 벌기 위해서는 사람들이 돈을 쓰는 이유와 돈을 쓰는 방법에 대해 이해를 하고, 돈을 쓰는 곳에 투자하거나 돈을 쓰는 방법을 보고 대처해야 한다. 즉, 인간의 욕망을 탐구하여 욕망을 자극하고 욕망을 제공하거나 해결해주면 돈은 함께 굴러오게 되어 있다. 취미나 놀이를 즐겨야 하는 이유도 여기에 있다.

지금부터라도 인간 행동의 근본적인 이유를 밝히고 호기심을 갖고 접근하다 보면 자연스럽게 돈이 보일 것이다. 결국 당신에게 돈을 주는 것은 인간이라는 것을 잊지 말자.

• 타고나지 않았다면 후천적으로 돈 감각을 공부하라

수십 억대 자산을 지닌 고 대표는 말한다.

"돈 버는 비결? 무조건 안 쓰고 모으는 거지. 수입의 절반을 뚝 잘라 저축하고 나머지로 생활했어."

60대인 고씨는 30대 중반까지만 해도 전형적인 직장인이었다. 군대를 다녀온 후 10여 년 동안 결혼도 안 하고 직장 생활만 했다. 대기업 홍보실에서 근무하며 받은 월급의 절반을 뚝 떼어서 저축했다. 40대 중반이 될 무렵 그는 작은 빌라를 사서 전세를 놓았다. 수도권이라 적은 돈으로도 원하는 장소를 고를 수 있었던 그는 상가 전세를 놓고 그 돈을 금융 상품에 재투자하는 식으로 10년을 굴려 또 다른 상가 건물을 살 수 있었다.

그는 현재 수도권에 두 채, 서울에 한 채의 상가 건물을 소유하고 있다. 투자할 때는 은행과 상담했고, 부동산을 직접 눈으로 확인할 때는 주변 환경을 꼼꼼히 살폈다. 상가는 입지가 답이라 들어, 버스 정류장이 있는 곳을 노렸다. 그런 곳에는 대부분 병원과 약국이 있었다. 즉 사람의 왕래가 잦은 곳이어서 어떤 업종이라도 장사가 잘됐다. 당연히 상가를 세놓을 때 내가 원하는 업종을 고를 수도 있다.

이런 것들을 고 대표는 어떻게 알았겠는가? 은행에 있는 전문가와 상담하고, 책을 읽고, 현장을 다니면서 터득한 노하우였다. 고 대표는 지금은 어느 정도 직감이라는 게 생긴 것 같다고 하며 돈 감각도 공부하면 감각이 생긴다고 말한다.

- **경제 흐름을 파악하기 위해 노력한다**

부자가 되기 위한 노력 중에 가장 어렵고 단 한순간도 쉬지 않고 해야 하는 것의 으뜸이 바로 경제 흐름을 파악하는 것이다. 경제 흐름을 파악하기 위해 노력한다 해도 제대로 된 경제 흐름에 몸을 맡기는 것도 쉽지 않다. 잘못 판단했다는 걸 알았을 때는 이미 늦는다. 그만큼 경제 흐름은 아무리 배워도 알기 어렵고 잠시라도 게을리 하면 안 된다.

돈도 없고 강연장을 다닐 시간도 없고 경제뉴스를 봐도 잘 알지 못한다고 포기할 것인가? 출퇴근 시간에 스마트폰으로 인터넷만 접속해도 탁월한 경제학자들의 강의, 트렌드를 다룬 기사가 넘쳐난다. 여러 번 말했듯 당신이 아직까지 부자가 되지 못한 단 하나의 이유는 행동하지 않았기 때문이다. 부자가 되는 과정은 그리 쉽지 않도, 유지하는 것 역시 마찬가지다. 세상에 나만큼 바쁜 사람은 수없이 많다는 것을 기억하자.

• 은퇴를 앞둔 50+세대! 부동산 투자 공부에 매진하라

매주 토요일과 일요일 오후 교대역 한 사무실에는 부동산에 관심 있는 사람들이 모인다. 이 모임에 참석하는 사람들은 은퇴를 앞둔 50대를 고등학교 3학년에 비유한다. 고3때 진로를 잘 선택하고 열심히 공부해서 원하는 대학을 가면 그 이후 인생이 달라지듯이 은퇴를 앞둔 사람들은 지금 선택을 잘하기 위해 노력해야 하기 때문이다. 이들은 매 모임마다 늘 빽빽하게 모여 고3처럼 부동산을 공부한다.

부동산 은퇴설계도 공부하고 미리 준비하지 않으면 대세를 읽지 못하고 나아가지 못한다. 사람들은 자신이 갖고 있는 부동산을 보유해야 할지, 매도하면 타이밍이 언제가 좋은지, 수익형 부동산으로 갈아타려면 어떤 유형의 부동산이 좋을지에 관심이 많았다.

100세 시대에는 새로운 공부를 끊임없이 해야 한다. 부동산 투자 공부도 끊임없이 깊게 파고들어야 한다. 인문학으로의 접근도 필요하다. 인문학은 궁극적으로 사람을 이해하는 학문이다. 사람을 알면 인생을 알고 비즈니스를 이해할 수 있고 부동산 투자에도 도움이 된다. 인문학을 공부한 다음에는 부동산 관련 실용학문을 배워야 한다. 경제, 경영 등의 실용학문을 깊이 공부하면 실무 투자에서 요긴하게 쓰인다. 인문학과 실용학문을 공부하면서 기초를 닦아야 한다.

'더 벌기'보다 '확실히 벌기'에 집중하라

• • •

강남부자들은 '더 벌기'보다 '확실한 관리'에 힘을 쓴다.

높은 아파트 값과 좋은 교육 여건으로 대한민국 부의 일번지로 자리매김한 서울 강남. 강남부자들은 넓은 집, 좋은 차를 보유하고 있고, 자녀들은 교육 환경이 좋은 곳으로 유학을 보낸다. 자신은 여행을 떠나거나 원하는 취미활동, 사회 봉사를 하며 행복하고 여유로운 삶을 즐긴다.

얼마 전, 한 고객이 자신이 겪은 일화를 들려줬다. 모 증권회사의 주가연계상품이 연 65%라는 경이적인 수익률을 올렸음에도 불구하고 이 상품에 가입한 투자자들이 증권회사로 몰려와 항의를 했다고 한다. 이 상품에 1억 원 이상 투자했는데 이자수익이 7,000만 원을 초과하여 금융소득종합과세 대상에 포함된 것이다. 투자자 입장에서는 40%에 가까운 세금으로 인해 투자 수익의 절반가량이 빠져나가게 될 뿐만 아니라, 금융자산이 과세당국에 노출되어 여간 고통스러운 일이 아니었다. 그래서 일부 영리한 부자들은 고수익 상품보다는 만기가 5년인 후순위채권 등에 분산투자를 한다.

그동안 부자들은 재산을 모으는 데만 열성적이었지 모은 재산을 객관적이고 종합적으로 분석해줄 전문가를 찾지 않았다. 현실적으로 그런 전문가가 존재하지 않아 어렵기도 했다. 하지만 최근 금융기관마다 자산 운용 전문가를 통해 종합자산관리 서비스를 제공하고 있다.

• 지도와 나침반을 가지고 철저한 재테크 플랜을 마련하라

최 사장이 힘주어 말하는 사업 원리는 의외로 단순했다.

"제 주위에도 사업하겠다고 뛰어드는 사람이 많아요. 실패하는 대다수 사람들은 2~3년이 지나야 손익분기점에 도달한다는 느긋한 생각을 하거든요. 처음부터 잘못된 생각을 갖고 시작하는 거죠."

그는 사업을 시작하면서 첫 달부터 이익을 내는, 손해를 안 보는 장사를 하겠다고 다짐했다고 한다. 1인 5역을 해서 경비를 줄이는 것이 기본이었고, 몇 백만 원에 불과했던 사업자금을 까먹지 않기 위해 가진 돈의 반만 투자했다고 한다.

"사업하는 사람들은 대부분 수중에 3,000만 원이 있으면 그

걸 전부 투자하는 것도 모자라 빚까지 냅니다. 무슨 일이든 성공할 확률은 50대 50인데 처음부터 있는 돈을 모두 투자했다가 다 날리면 재기하기 힘들어요. 사업자금이 3,000만 원 있으면, 그 절반인 1,500만 원만 투자하는 거예요. 그리고 그 1,500만 원을 1,600만 원, 1,700만 원으로 늘려 3,000만 원을 만든다는 목표를 세워야지요."

최 사장의 부동산 투자 계획을 세우는 일은 배낭여행 계획을 세우는 것과 같다고 한다. 여행을 떠나기 전 지도와 나침반을 가지고 목적지와 일정을 정하는 것부터 시작해, 어떤 음식이 맛있는지, 어느 숙소가 좋을지 등을 찾아보고 계획을 세운다. 여행 계획이 없다고 해서 여행을 못 가는 것은 아니지만, 더 멋지고 만족스러운 여행을 위해 여행 계획을 세우는 것이다. 아무래도 준비를 많이 해서 가면 같은 시간 내에 더 많은 곳을 둘러보고, 더 맛있는 음식을 먹는 등 더 나은 경험을 할 수 있기 때문이다.

부동산 투자도 이와 같다. 누구나 쉽게 시작할 수 있지만 세밀하게 계획을 세우면 보다 알찬 수익을 얻을 수 있다.

• 강남부자가 말하는 절대적이고 확실한 '돈' 관리

강남부자는 어떻게 돈을 관리할까. 어렵지 않다. 필요하지 않다고 생각하면 1원도 쓰지 않는 것이 원칙이다. 돈도 자신을 엉성하게 관리하는 사람보다는 소중하게 관리하고 써야 할 곳에 내어 주는 사람에게 가고 싶을 것이다.

강남부자들은 빈털터리로 시작해서 스스로의 힘으로 부자가 된 60~80대의 자수성가형 부자들과, 부모로부터 재산을 물려받거나 자신만의 아이디어로 승부해서 큰돈을 번 40~50대의 신흥 부자들이 많다.

자수성가형 부자들은 오랜 경험을 토대로 돈을 버는 것에 관해 동물적 감각을 갖고 있는 데 반해 신흥 부자들은 재산을 잘 운용하고 관리해서 돈이 돈을 벌게 한다. "어떻게 해야 돈을 더 벌 수 있는가"보다 "어떻게 해야 번 돈을 잘 굴릴 수 있는가"를 중요시하는 신흥 부자들의 태도를 배울 필요가 있다.

① 자신이 쓸 돈은 절대 남을 빌려주지 마라

빚이 빚을 낳는다는 말이 있다. 돈을 빌려주게 되면 자신의 신용도 잃고 남의 신용도 잃게 된다. 돈을 제때 못 받으면 원망하게 되고 그러다 보면 도덕성을 잃게 되어 추해지기 마련이다.

돈에 관해서라면 거래처든 이웃이든 너무 가깝게 지내도 멀게 지내도 안 된다. 격식이 없이 친하여 호형호제하다 보면 셈이 흐려지기 마련이고, 돈 부탁을 거절할 수가 없게 되기 때문이다. 대신 평소에 상대의 대, 소사의 경사 등을 챙겨 주거나 작은 정성을 아끼지 말아야 한다. 그래야 인심을 잃지 않고 살게 된다.

② 돈은 버는 것보다는 지키는 것이 더욱 어렵다

많고 적음의 차이가 있을 뿐 어떤 일을 해도 돈은 벌 수 있다. 하지만 돈은 지킨다고 무조건 지켜지는 게 아니다. 힘들게 벌어 한순간에 날리는 경우가 허다하다. 돈을 지키려면 재테크 공부를 해야 한다. 어리석은 사람의 돈은 사기의 표적이 되기 때문이다.

적은 돈이든 큰돈이든 돈은 똑같다. 돈이 절실히 필요할 때는 큰돈보다는 적은 돈이 필요할 때이다. 적은 돈이 모여 큰돈이 된다는 사실은 누구나 알지만 큰돈을 벌기 위해 적은 돈을 우습게 여기고 낭비하는 경우가 있는데 그런 사람은 큰돈도 낭비하게 마련이다.

③ 돈에 집착하면 건강을 해친다

돈은 결국 영원히 보유할 수는 없다. 언젠가는 누구에게든 주게 되어 있다. 만약 잘못 판단하여 돈을 탕진하여도 속상해하지 말라. 잃어버린 돈에 집착하게 되면 새롭게 돈을 벌 마음이 들지 않는다.

돈은 또 벌면 된다. 또한, 불행한 이웃을 돌볼 생각이 없다면 돈을 많이 벌지 마라. 돈은 자신이 많이 가진 만큼 남이 적게 가지는 zero sum society이다. 불우한 이웃을 도울 때, 자신의 불행 또한 사라진다는 것을 잊지 말자.

④ 자녀에게 돈을 물려주지 마라

자녀에게 부를 물려주는 것은 불행을 물려주는 것이다. 돈은 스스로 벌어야 한다. 자신이 쓸 돈은 직접 벌어야 한다. 돈은 벌어본 사람만이 제대로 쓸 수 있기 때문이다. 쉽게 번 돈은 쉽게 불행도 불러온다. 복권에 당첨된 사람들이 대부분 불행해졌다는 통계가 있지 않은가. 쉽게 자신의 수중에 돈이 들어왔다면 좋은 일에 빨리 써버리는 게 좋다. 그래야 요행을 바라는 마음이 없어지고 행복한 삶이 이어지게 된다.

• '대박' '비법'에 대한 환상 대신, 장기 투자

오늘날의 시황과 같은 폭락장은 일반적인 추이가 아닌 지극히 특수한 경우다. 따라서 이처럼 주가가 곤두박질쳤을 때 주식을 사두고 장기간 묵혀두면 긍정적인 결과를 얻을 수가 있다.

장기 투자의 장점은 굳이 기를 쓰고 운용하지 않아도 기본은 한다는 것이다. 시시각각으로 변화를 거듭하는 증시에 촉각을 곤두세우며 운용해야 하는 것과 달리 여유 있게 고수익을 창출할 수 있다는 점에서 장기 투자는 불황에 더욱 유력한 전술이다.

지금 같은 때에 단타를 꿈꾼다는 건 무모한 짓이다. 그에 반해 장기 투자는 변덕스러운 주식 시장에서는 더욱 유용하다. 투자 기간이 길어질수록 고수익을 보장받을 수 있다. 이러한 원리에 적용해보면 장기 투자는 곧 시간 투자나 다름없다.

하지만 아무리 장기 투자자라 하더라도 무조건 100% 주식으로 보유하는 것은 곤란하다. 아무리 시간에 투자하기로 마음을 편히 먹었어도, 막상 주가가 폭락하면 자산의 주식 보유 비중이 너무 높다는 사실에 압박을 느껴 포트폴리오를 지키지 못할 수 있다. 또한 주가가 하락해 주식을 추가 매수할 좋은 기회를 자금이 없어 놓치게 되어 오히려 수익률에 마이너스 요인이 될 수도 있다. 그러므로 아무리 장기투자로 주식을 많이 보유한다 하더라도 만약을 대비하기 위해 채권을 일부 함께 보유하는 것이 타당하다.

장기 투자를 하는 일반투자자들은 '주식 50%+채권 50%' 포트폴리오가 적절하다. 50:50을 기준으로 삼은 후 주식 기대수익률이 좋아지면 60:40으로 주식 보유 비중을 높이고, 채권 기대수익률이 좋아지면 40:60으로 채권 보유 비중을 높이는 식의 전략적 포트폴리오 방식이 유효하다.

한편 투자자의 성향이 매우 보수적이라면 포트폴리오 기대수익률이 적어도 본전수익률은 초과하는 '주식 30%+채권 70%'를 기준으로 삼는 것이 적절하다. 목표하는 수익률이 매우 높으면서도 장기투자의 효과를 확신하고 있는 투자자라면 '주식 70%+채권 30%'를 기준으로 삼아도 좋을 것이다.

불황기일수록 '대박'이나 '비법'에 대한 환상을 버리고 '적정한 수익 창출'이라는 투자 원칙을 철저히 견지할 때 오히려 더 큰 수익을 올릴 수 있다. 앉아서 시세차익만 기대할 것이 아니라 개발을 통해 적극적으로 부가가치를 창출하고, 각종 규제나 세제를 정확히 파악해 손해를 줄이면서 정당하게 수익을 올릴 수 있는 방법을 찾아야 한다.

나의 인생로드맵을 부자로드맵으로 바꿔 그리기

• • •

나는 대한민국의 모든 돈이 몰려든다는 강남지역의 VIP팀장을 대상으로 교육프로그램을 진행하는 사내강사이다. 실제로 압구정, 논현동, 테헤란중앙, 삼성역 지점 등에서 VIP팀장을 해왔다. 직접 부자들을 상대로 자산관리를 해왔고 그 과정에서 자연스럽게 그들만의 성공담을 들을 수 있었다.

어느 정도 재산이 있어야 부자라고 할 수 있을까. 그 정의는 제각각이지만 부동산을 포함해 최소 30억 원 이상을 가진 자산가를 부자라고 보면 무리가 없을 듯하다. 그들 중에는 태어날 때부터 유산을 상속받아 부자가 된 사람들뿐 아니라, 맨바닥에서 스스로 부를 일구어낸 자수성가형 부자들도 있었다. 그들은 고도성장기에 부동산과 유산으로 부를 증식한 올드리치와 달리 자신만의 재테크 철학과 노하우를 바탕으로 부를 축적한 노력형 부자들이다.

나는 수년간 수백 명의 부자들을 만나오며 그들의 성공비결이 궁금했다. 그래서 수많은 부자들을 인터뷰하며 부동산학 박사 논문을 쓰기 시작했다. 1, 2차 설문조사를 통해 부자의 유형을 분석하고 인터뷰하기 시작했고, 그들만의 인생드라마, 성공요소들을 알아낼 수 있었다.

그들을 보지 않았다면 인생 로드맵을 부자 로드맵으로 바꾸어 그려보자는 생각도 들지 않았을 것이다. 작은 정보 하나라도 놓치지 않으려고 눈을 부릅뜨는 그들을 보면서 나 역시 마음을 단단히 먹었다.

나는 고객들과 지인들을 만나면 입버릇처럼 이야기한다. "3대 부자, 나부터 시작이라고 생각하셔야 합니다" 부자가 되겠다고 독하게 마음을 먹었다면, "부자가 되겠어!" 하고 커밍아웃을 해야 지금 당장 무엇부터 해야 할지 전략이 만들어진다.

하루라도 빨리 재테크를 시작할수록 유리하고, 그럴수록 경쟁자가 적다. 이른바 '조조할인의 법칙' 혹은 '소수의 법칙'이라고 할 수 있다. 재테크는 시간이 결정해주는 게임이다. 시작하지 않는다면 아무리 좋은 법칙도 무용지물이다. 그리고 재테크를 하기에 가장 좋은 시기는 바로 지금이다.

똑같은 상품과 똑같은 수익률이라면 하루 먼저 시작하는 사람이 하루 먼저 부자가 될 수 있다. 막연히 '열심히 모으다 보면 지금보다는 나아지겠지'라는 생각으로 재테크를 시작하면 어느 순간 열정은 식고 방향도 잃어버린다. 나는 다음과 같은 인생 로드맵을 그리고 있다.

***나의 인생 로드맵**

☑ 은행에서 직접 만난 부자들의 이야기를 엮은 책 쓰기
☑ 미래 세대와 소외계층을 위한 금융 경제 교육 재능기부
☑ 마음까지 행복해지는 진짜 부자 되는 금융, 생활경제, 부동산 아카데미하우스 만들기

로드맵은 부자가 되기 위한 내비게이션이다. 로드맵을 그려보면 내가 1년에 얼마를 모으고 이것이 5년 후, 10년 후, 20년 후에는 얼마가 되고, 그럼 종잣돈은 몇 년 후에 생기고 이 종잣돈을 어떻게 불려서 언제 부자가 될 수 있는지가 한눈에 보인다.

로드맵은 우리가 재테크를 하는 데 정말 중요한 이정표가 되므로 구체적으로 그려볼 필요가 있다. 10년 단위의 인생 목표보다 훨씬 더 구체적으로 미래를 그려보자. 인생의 목표를 너무 길게 잡으면 미래가 막연하고 비현실적으로만 느껴지기 때문이다.

• 1%의 다른 생각이 부를 끌어온다!

어느 분야의 전문 지식에 정통하려면 최소 10년 정도는 꾸준

히 노력해야 한다. 창조적인 도약을 하려면 자기 분야에서 통용되는 지식에 통달해야 하며, 바로 이런 이유에서 10년 정도의 꾸준한 노력이 선행되지 않으면 의미 있는 도약을 할 수 없다.

변화무쌍한 현대사회를 사는 젊은이들에게 트렌드와 사회 흐름에 대한 정확한 예측, 깊은 통찰을 바탕으로 한 10년 플랜을 짜두는 것은 이제 선택이 아닌 필수다.

미래에는 어떤 사람이 가장 각광받을까? 10년 뒤 당신은 어디서 어떤 모습으로 무엇을 하고 있을까? 한치 앞도 내다보기 힘든 혼란과 급변의 시대, 뭘 어떻게 준비하면 누구보다 찬란한 미래를 맞이할 수 있을까? 삶의 참된 가치는 속도가 아니라 방향에 있다 했다. 인생의 새로운 전환점을 노린다면 이제는 '빨리 도착하는 법'보다 '제대로 된 길을 찾는 법'을 터득할 때다.

이 세상에서 소수의 누구는 부자가 되고 다수의 누구는 부자가 되지 못한다. 부자가 된 사람들과 부자가 되지 못한 사람들 사이에는 분명한 차이가 있다. 그 차이는 무엇보다 '1%의 생각'에 있다.

• 평생 월급을 가져다주는 투자 시스템 만드는 법

머니투데이에서 텐인텐의 박범영 대표가 "10억은 누구나 노력하면 모을 수 있는 금액"이라며 "자산 10억을 모은 제자 75만 명(현재 카페 회원 수)을 만드는 게 꿈"이라고 말했다.

'10년 안에 10억 만들기'를 모토로 내건 '텐인텐'이라는 재테크 카페가 있을 정도로 10억은 재테크를 시작하는 사람들에게상징적인 목표가 됐다. 10억이라는 금액은 적금으로만 재테크를 하고 있는 사람들에겐 현실적이지 않은 숫자로 보일 수 있지만, 투자를 제대로 공부하는 사람들에겐 그리 먼 미래가 아니라는 그의 말이 기사화된 후 종자돈 마련을 위해 1억 만들기 적립식펀드 신규가입을 하러 은행창구에서 줄을 서서 기다리는 때도 있었다.

'10년간 10억 모으는 프로젝트'는 매월 받는 급여 중 얼마를 1년간 모아서 매년 부동산 1채씩을 매입하는 방법으로 10년 동안 투자하는 프로젝트이다. 억대 연봉자가 아니고서야 생활비를 제외한 1년 적금으로 어떻게 부동산을 구입할 수 있겠냐 싶겠지만, 실제로 투자금이 겨우 1,000만 원, 500만 원이 들어갈 때도 있다. 매월 일정 수준의 월급을 받는 직장인이라면 누구나 할 수 있는 부동산소액투자법이다

그는 부동산 투자에 대한 오해와 편견을 가지고 있던 시절 자신이 얼마나 많은 기회를 놓쳐버렸는지 고백한다. 그는 종잣돈 1,500만 원이라는 크지 않은 돈으로 아파트 1채를 처음 마련한 후 지금까지 꾸준히 급여 외 소득을 만들고 있다.

• 답은 가까이에 있다! 가장 중요한 것은 계획과 실천

내 주변에는 소소한 취미를 사업화해 성공한 분들이 꽤 있다. 누구는 평소 와인에 관심이 많아 업으로 발전시켜 레스토랑

을 열고, 누구는 '시골 생활의 꿈'을 실행에 옮겨 시골에 한우 목장을 열었다. 또 누구는 월급을 똑똑하게 쪼개어 65세 이후 매월 500만 원을 받게끔 노후연금을 마련해놓기도 했다. 그 누구도 처음부터 대단한 조건을 가진 이는 없었다. 마흔 이후에 역전을 이룬 그들의 행복한 삶이 그랬다. 수십 년 인생을 시작하는 데 중요한 건 학력도 배경도 아니라는 것이다.

나는 다음 세 가지를 당장 실행에 옮길 것을 권한다.

업에 필요한 외국어는 늦게라도 반드시 배울 것, 현직에 있을 때 현직의 이점을 최대한 활용해 미리 노후를 준비할 것, 재산의 출입 현황을 정리해보고 자신의 재정 상태가 플러스인지 마이너스인지 명확히 파악해놓을 것.

특히 재정 부분에서 '돈을 버는 아바타'를 만들기를 바란다. 메인 수입 외에 돈이 들어오는 제2의, 제3의 아바타를 만들라는 것이다. 그것은 시골 땅에 심은 소나무 묘목일 수도 있고, 작은 오피스텔의 임대수입일 수도 있다. 틈틈이 나가는 외부강연의 강사료일 수도 있고, 온라인쇼핑몰의 수입일 수도 있다. 일단 규모는 중요치 않다. 작게라도 하나씩 시작해서 혹시 있을지 모를 사태에 대비하고, 그 과정에서 자신에게 맞는 새 업을 찾아내려는 시도가 중요하다.

이제 자녀 한 명 키우는 데 무려 2억 원 이상이 필요한 시대이다. 노후생활도 자식에게 의존해서 해결되는 세상이 아니라 준비 없이는 아예 살기 힘든 세상이 되었다. 현실을 고려하지 않는 한탕주의 재테크는 경계해야 한다.

그저 막연하게 잘될 거라는 생각을 버리고, 현실에 맞게 계획을 세우고 지금 당장 실천하는 것만이 유일한 해결책이다. 현재의 소득을 유지하면서 미래를 준비하는 방법은 결국 생활비를 적정 수준으로 줄이고 나머지 금액으로 대출과 자녀교육, 그리고 노후준비에 분배하는 방법 하나뿐이다. 하지만 머리로는 당연하다고 생각하지만 실제로 몸으로 실천하는 사람은 많지 않다.

돈 문제를 해결할 수 있는 건 돈밖에 없듯이 우리의 인생 문제를 해결할 수 있는 건 우리밖에 없다. 이제부터라도 단돈 10만 원씩이라도 자녀자립금 통장이나 자신의 노후를 위한 통장을 만들어보는 것은 어떨까? 처음에는 그 길이 멀어 보여도 가다 보면 가장 빠른 길임을 알게 될 것이다.

• 무일푼에서 시작하는 인생역전 3단계 재테크

평범한 샐러리맨으로 시작해서 서른 살에 10억 부자가 된 고객이 있다. 그는 자신이 3단계 재테크 방법으로 부자가 됐다고 말한다. 그는 쉽고 간단해 보이는 이 3단계를 끝까지 올라간 사람은 의외로 얼마 없을 것이라고 말한다. 그가 말하는 3단계는 다음과 같다.

① 잘할 수 있는 일, 더 많은 돈을 벌 수 있는 일을 찾아 직업으로 삼는다.

그는 대학 졸업 후 IMF 시기에 취업전선에 뛰어들었다. 너도 나도 취업하기 힘들던 시절 다행히 IT회사에 채용되었지만, 입사를 하루 앞두고서 그는 마음을 바꾼다. 장기적으로 자산설계를 하다 보니 이렇게 적은 연봉으로는 10년 동안 1억을 모으기도 힘들 것이라는 판단 하에, 모두가 말리는 보험회사에 입사한 것이다. 잘할 수 있다는 자신감이 있었던 그는 일반 비즈니스맨부터 음식점 아줌마까지 자신의 고객으로 만들어 약 1,000명을 고객으로 둔 MDRT 회원까지 되었다.

② 투잡을 갖고 최대한 아껴 쓰면서 펀드로 종잣돈을 모은다.

그는 보험 영업으로 번 돈을 아껴 쓰면서 다양한 재테크 방법을 동원해 종잣돈을 마련했다. 투잡(two job)으로 돈 모으기, 제대로 된 복리 상품 고르기, 경제신문에서 정보 캐내는 법, 심지어 대출을 영리하게 받는 법 등 미처 생각하지 못한 부분까지 깨우치며 번 돈을 펀드에 투자하여 순식간에 돈을 불리는 것이 2단계의 핵심이다.

③ 모인 목돈으로 부동산에 투자하여 재산을 불린다.

종잣돈을 가장 쉽고 빠르게 목돈으로 바꾸는 방법은 부동산뿐이다. 핵심적인 부동산 투자 스킬과 향후 뜰 부동산 지역을 집중적으로 투자하여 재산을 불린다.

그는 투자에 실패하여 모조리 돈을 잃는다 해도 돈을 벌게 만드는 자신만의 확고한 시스템이 갖춰져 있는 사람은 언제든 다시 일어설 수 있다고 강력히 주장한다.

경영학자 짐 콜린스는 "결정을 미루고 좋은 결정을 기다리는 것이 실패의 가장 큰 원인이다"라고 말한 바 있다. 또 영국의 철학자 B. 러셀은 "재능 있는 사람이 이따금 무능하게 되는 것은 성격이 우유부단하기 때문이다. 망설이기보다는 차라리 실패를 선택하라"라는 말을 남겼다. 흔히 사람들은 언젠간 기회가 올 거라며 기다리기만 한다. 하지만 마냥 기다리기만 하는 사람에게 기회는 없다.

• 지금부터 시작하는 세대별 재테크 플랜

세상 모든 일은 준비를 다한 뒤 행동하는 것이 아니라 준비와 행동이 함께 가는 것이다. 행동 강령은 특별한 게 아니라 일상에서 우리가 놓치고 마는 아주 작은 것들이다. 일, 공부, 투자, 가족에 이르기까지 삶을 채우는 전반적인 것들을 누구나 바로 행동으로 옮길 수 있는 지침들이다. 다음은 세대별 재테크 플랜이다. 플랜은 거창한 게 아니다. 누구나 바로 실천할 수 있다.

① 2030

20~30대는 자신의 몸값을 올려야만 살아남을 수 있다. 사무직보다는 영업직에 승부를 걸고, 여러 분야의 자격증을 따보는

것도 하나의 방법이다. 그러나 가장 좋은 해결책은 '맞벌이'와 '투잡'을 갖는 것이다. 한마디로 '이모작 인생'을 개척하라는 말이다. 투잡은 단순한 부업이 아니다. 투잡은 자신의 개인적인 시간을 이용해서 갖는 엄연한 또 다른 직업이다.

최근에는 재테크 열풍이 불면서 전문가 뺨치는 젊은 20대 재테크 고수들도 등장했다. 사회 생활 10년 차도 되지 않은 20대는 종잣돈이 부족하지 않을까 하지만 투자는 반드시 엄청난 종잣돈이 있어야 시작할 수 있는 게 아니다. 부동산 포털 사이트에 가입하고, 관심 있는 아파트 단지를 돌아다니는 것에서부터 내 집 마련은 시작된다.

간단한 실천과 소액으로도 충분한 경우도 많다. 예컨대, 청약가점제의 주요 항목인 '청약 가입 기간'이나 '무주택 기간'을 고려해서 20대에 청약통장을 가입하고 미리 세대주를 분리해 놓으면 큰 도움이 된다.

물론 20대를 위한 실질적인 내 집 마련 방법으로 대출과 전세를 끼고 내 집 마련을 할 수는 있다. 하지만 꼭 알아야 할 기초적인 부동산 지식과 실천원칙을 일목요연하게 배울 필요가 있다. 오르는 아파트는 어떻게 고르는지, 재개발, 재건축 아파트는 어떻게 투자해야 하는지, 계약서 작성과 세금은 어떻게 해야 하는지 등을 살펴봐야 한다.

- ☑ 20대 내집마련 재테크가 평생의 부를 결정한다.
- ☑ 모의투자를 통해 투자의 기초를 배우고자 노력한다.
- ☑ 신문 경제면을 통해 금융상품에는 어떤 것들이 있는지 상식으로 알아둔다.
- ☑ 가계부를 통해 자신의 수입과 지출현황을 분석하고 불필요한 낭비를 줄이도록 목표를 세우고 실천한다.
- ☑ 여가생활에 대한 지나친 지출을 자제하며, 반드시 수입의 50% 이상을 저축하도록 힘쓴다.
- ☑ 우량주 중심의 펀드투자로 은행 금리 이상의 수익률을 올려본다.
- ☑ 큰 목돈이 없더라도 부동산 간접투자로 부동산 투자의 감각을 익힌다.

② 3040

30~40대는 사회적으로 가장 왕성하게 활동하는 시기이다. 활발한 활동의 대가로 성과급을 받을 수 있고 승진을 할 수도 있다. 또한 경제적으로 안정된 생활을 할 수 있고, 사회적인 인맥 등 많은 것을 얻을 수 있는 시기이다. 그러나 친구, 취미, 가족과 보내는 여유로운 시간 등 많은 것을 잃게 되는 시기이기도 하다. 과연 얼마나 더 이렇게 지내야 하는가? 어쩔 수 없이 일과 생활 사이에서 불균형을 견뎌야 하는가?

3040의 로드맵은 직장생활의 과도한 부담을 줄임으로써 진정한 행복을 누릴 수 있는 방법이 되어야 한다. 직장생활과 일상생활의 관계를 새롭게 규정하고 직장에서 받는 압박감을 줄임으로써 정말로 중요한 일에 전념하고 삶의 질을 높이는 다운시프팅 전략이 필요한 것이 이때다. 50+재단에서는 30~40대 퇴사학교라는 프로그램이 진행 중이니 참고하길 바란다.

만약 30세에 직장생활을 시작한 사람이 55세까지 일했다면 그는 25년 동안 모은 재산으로 80세까지 25년 동안을 더 살아가야 한다. 한 달에 한 달치를 벌어서는 여간해서 답이 나오지 않는다. 한 달에 두 달치씩 벌어서 한 달치는 생활비로 쓰고 한 달치는 고스란히 저축·투자를 해야 노년의 평온함을 보장받을 수 있다는 계산이 나온다.

주5일 근무제 실시로 인해 여가시간이 많아져서 놀기 좋다고 생각하면 큰 오산이다. 한 직장에서 일하는 시간이 줄어들었지만, 실제로 일하는 총 시간은 오히려 늘어나고 있으며, 또 그래야 한다. 21세기는 맞벌이 시대를 넘어 겹벌이 시대이다.

- ☑ 3040노후 재테크 독하게 시작하라!
- ☑ 가정경제 중간점검의 시간을 가져라!
- ☑ 은퇴시기 가능한 늦춰라.
- ☑ 국민연금을 최대한 활용하라.
- ☑ 퇴직연금, 국민연금, 개인연금 효율적으로 활용할 계획 세우기
- ☑ 자영업자, 전문직 소득자의 효율적 연금 활용법
- ☑ 3040을 위한 적립식펀드투자, 해외펀드 파헤치기
- ☑ 다양한 경력의 3040들이 귀농귀촌을 계획하고 있다.
- ☑ 지혜로운 3040은 보장자산부터 준비한다.
- ☑ 돈 있으면 투자 목적으로 땅 사라!

☑ 10년 묻을 생각이 있다면, 4차 산업혁명 시대에 유망한 기업인 IT 계열에 투자하라.

☑ 현금을 보유하면서 기회가 올 때까지 기다려라!

③ 4050

부동산이 답이다. 일반인이 알아야 할 부동산상식, 부동산경매, 건축시공의 과정, 도시계획과 부동산투자, 부동산공법 공부가 필요하다. 이력서용 스펙보다 실전용 기술이 중요하고, 경쟁적인 승리보다 자아성취가 우선시되어야 한다.

명퇴 시기가 점점 빨라지는 현실에서 대한민국 40대들은 피곤하다. 가정의 평안을 위해 직장에서의 야근과 술상무도 마다하지 않는다. 평생직장이라는 정년의 개념이 사라진 시대, 언제 회사에서 나가게 될지 몰라 항상 불안해하면서도 집에서는 가족들을 위해 웃음을 짓는다.

언제 해고되거나 명예 퇴직해야 할지 모르는 상황에서 이제는 학벌이나 스펙이 아닌 '평생 할 수 있는 일'에 주목해야 한다. 직장생활이나 전문 자영업과 같은 노동 수입 구조는 평균 55세에 끝날 수밖에 없다. 반면 100세 시대를 살아가는 현실에서는 평생 수입, 상속되는 수입이 있는 일을 찾아야 한다. 새로운 출발을 하기에 늦은 나이란 없다.

고령사회로 진입한 만큼 매순간 인생 2막을 준비해야 한다.

역모기지와 수익형부동산에 대해 공부하고, 1~2인 주거생활과 부동산 재테크의 관계를 파악하며 나만의 성공포트폴리오를 작성할 것을 권한다.

제한된 소규모 자본의 소유자라면 급매·경매·공매를 알아보거나, 제2의 강남이라 불리는 분당, 판교를 찾는 법을 통해 나만의 부동산을 향해 한 걸음 더 가까이 다가가야 한다.

• 제2, 제3의 인생을 위해 부자가 되기 위한 공부를 시작하자

연공서열이 파괴된 시대, 한계수명은 늘어난 시대, 노후대책이 없는 시대. 미래를 예측할 수 없는 현대인은 어떤 준비를 할 것인가? 나는 가장 먼저 해야 할 것이 '돈에 대한 공부'라고 생각한다. 세상이 바뀌고 시대가 변해도 경제적인 바탕이 튼튼한 사람은 안정적으로 삶을 영위할 수 있다. 그렇지 않다면 늘 쫓기듯 살게된다. 그래서 지금까지 슈퍼리치들이 부를 이룬 과정과 비결을 공개했고, 그들처럼 살기 위해 평범한 우리가 할 수 있는 일들을 정리해보았다.

"나는 부자가 되기에는 너무 늦었어!"라고 말하는 사람이 아직도 있는가? 시작하기에 늦은 나이란 없다. 새로운 출발을 하는 그 순간부터 새로운 전성기를 맞을 준비를 하는 것이다. 60세로 인생을 설계하던 시대는 지나갔다. 이제 100세를 보고 인생 설계를 해야 할 때다. 만일 당신이 50세라도 앞으로 살아온 만큼의 50년이라는 긴 시간이 남아 있다.

지금까지 다루었던 부자들이 그랬듯, 월급 통장을 쪼개 단돈 1천만 원이라도 종잣돈을 만들고, 경제 공부와 은행을 통해 정보를 수집하며 소액 투자를 하고, 목돈을 만들어 부동산 투자를 시작하자. 그것만으로도 당신은 이미 부자의 길로 한 걸음 들어선 것이다.

여기에 한 가지 더해야 할 것이 있다. 바로 '부자들의 스피릿(spirit)'을 훔치는 것이다. 나는 그것을 '부자의 통장에 그려진 부의 지도'라 말하고 싶다. 이 지도는 슈퍼리치들이 그 자리에 도달하기까지 있었던 치열함과 절제, 탁월한 행동력의 흔적이다. 책을 끝까지 읽는 동안 모두가 느꼈을 것이다. 누구나 부자가 될 수는 있지만 그 길을 택하는 것은 쉽지 않다는 것을 말이다.

그래서 더욱 희망적이다. 오늘부터 우리는 부자가 되는 길을 택하기만 하면 되니 말이다.